自律

上瘾

用自律拿到结果的*28*个逆袭策略

何圣君 —— 著

中国科学技术出版社

·北 京·

图书在版编目（CIP）数据

自律上瘾 / 何圣君著 . — 北京：中国科学技术出
版社，2024.5（2025.3 重印）
ISBN 978-7-5236-0525-7

Ⅰ. ①自… Ⅱ. ①何… Ⅲ. ①自律－通俗读物 Ⅳ.
① C933.41–49

中国国家版本馆 CIP 数据核字（2024）第 042141 号

策划编辑	何英娇　陈　思		责任编辑	孙　楠	
封面设计	潜龙大有		版式设计	蚂蚁设计	
责任校对	邓雪梅		责任印制	李晓霖	

出　　版	中国科学技术出版社
发　　行	中国科学技术出版社有限公司
地　　址	北京市海淀区中关村南大街 16 号
邮　　编	100081
发行电话	010–62173865
传　　真	010–62173081
网　　址	http://www.cspbooks.com.cn

开　　本	880mm×1230mm　1/32
字　　数	161 千字
印　　张	8.75
版　　次	2024 年 5 月第 1 版
印　　次	2025 年 3 月第 4 次印刷
印　　刷	北京盛通印刷股份有限公司
书　　号	ISBN 978-7-5236-0525-7/C・253
定　　价	69.00 元

前　言

你知道吗，一旦一个人对自律这件事上瘾，那将十分"可怕"！

电影《三傻大闹宝莱坞》（*3 Idiot*）的主角阿米尔·汗为了演《摔跤吧！爸爸》（*Dangal*）❶，暴增 50 斤体重，再用 5 个月的时间瘦回原样。有人说：如果一个人能控制体重，那他便能控制一切欲望。

又如著有《刺杀骑士团长》《1Q84》《挪威的森林》等百万册畅销著作的村上春树，也被誉为自律狂魔：他每天凌晨 4 点起床写作，必须写够 4000 字才停手；每周跑步 50 千米以上，坚持 30 年没断过。

事实上，我也是一名半路出道的作家，从 2016 年开始到现在，包括本书在内，总共撰写了 6 本已出版的书，另有 2 本待出版；我写下超过 200 万字，其中第 6 本《熵减法则》一经推出就在当当管理新书榜排名第 1，新书总榜排名第 24；而第 4 本《熵增定律》虽然不能与村上春树的著作相比，仅为十万册畅销书，但也在京东管理书榜霸榜前三名超 100

---

❶《三傻大闹宝莱坞》——2009 年上映的印度影片。《摔跤吧！爸爸》——2016 年上映的印度影片。

天，和一些国外知名的著作，比如稻盛和夫的《干法》、彼得·德鲁克（Peter F.Drucker）的《卓有成效的管理者》（*The Effective Executive*）这些曾经让我仰望的作品同框。

更重要的是，这些著作都是在我全职工作之余，利用早晨5点到6点的时间完成的。不过有趣的是，在我亲身实践自律的过程中，根本不会觉得坚持做这件事情很累，更不会被各种各样的娱乐项目诱惑，总能把专注力发挥到极致。

或许在很多人看来，自律的人努力得可怕，有坚强的意志。但是事实上，自律上瘾的人却享受其中，还收获了累累硕果。

很多人读到这儿，可能会感到难以置信，心说：对自律上瘾也太难了吧，到底要怎样才能做到？

的确，自律这件事，对许多没有系统学习过相关知识的人来说，的确不容易做到。

在日常生活中，很多人晚上睡觉前总有成百上千个想法冒出来，但第二天起来，却拖延症发作，迟迟无法践行；他们有时会为自己的拖延而自责，与此同时对自己总是没办法改变人生而深感无力。每一天都过得浮于表面且匆忙，实际却没什么成果。

如果我说，以前的我，也是上述这样，你信吗？

以前我也曾是"重度拖延症患者"，晚上总是舍不得睡觉，早晨又爬不起来；领导交代的事情也非要快到截止日才急匆匆去做。我甚至还曾游戏上瘾，玩网络游戏到深更半夜，完全没有把时间用在提升自我上。

那我是如何战胜拖延、变得越来越自律的呢？

2013年的冬天是我命运的转折点。那天，我拿着4.5分（满分5分）的绩效自评报告去和领导面谈时，被告知最后只能评为3分，我瞬间感觉心灰意冷，黯然离开领导办公室。之后的一段时间，我也想过到外面去寻找机会，但那时的我能力平平，没有亮眼的业绩成果，因此虽投了上百份简历，却没有一家企业回复我，最后只能忍下所有的憋屈。

卢梭说：我们的痛苦正是产生于我们的愿望和能力的不相称。因为不相称，所以我在那时根本没有选择的权力。但痛有两面性，因为人都是痛醒的，所以后来我经常听到一个声音在心里发问：难道你这辈子就这样了吗？

于是，我开始大量阅读关于自律的书，努力去践行这些书里讲的方法，但总是刚开始有热情，没几天却坚持不下去了；直到2014年年末，我接触了心理学，发现曾经看过的那些关于自律的方法，都属于"理论性很强但过于'鸡汤'"，比如告诉你早起的好处，但就是不告诉你怎样才能做到，如何才能养成早起的习惯。这些内容不仅不系统，还都是些"把目标当方案"的写法，很多都缺乏符合人性的可操作性。

但心理学不一样，它是一门真正顺应人性的学问。于是，我开始在行为心理领域大量拓宽自己的知识量。在研究了近百本心理学著作后，我才体会到，克服拖延、保持自律，实际上是行为设计学、心理学、脑科学的一部分，只有使用符合人性的方法，再配以称手的工具，这一过程才可能变得简单易行，让人能轻松坚持。

而这些，也恰恰证明了我过去花了那么多时间，学了那么多错误知识是何等的无效。

人们常说：菩萨畏因，众生畏果。普通人总是简单粗暴地盯着结果，想让其改变，这是没用的，而优秀、聪明的人会选择改变"因"。

很幸运，我找到了"因"，这个曾经让我无法自律、无法让我变得强大、无法实现能力跃迁的"因"。这也正是一个普通人能真正做到自律上瘾的底层机制。

理解了该底层机制后，在2015年年底，惊人的改变就在我的身上发生了。

我使用"强动机起床法"把自己的起床习惯时间从最开始的早上8点，逐步调整到早上7点45分、7点30分，直到5点。

同时，早起的时间成了我的"第三空间"。在这段无人打扰的时间段里，我开始根据我的兴趣和研究方向写公众号文章，使用"费曼学习法"，不停地用输出倒逼输入。

没几个月，就有出版社联系我。他们欣赏我的文字和内容，希望能把它们变成书，影响和改变更多的人。

于是，我又使用"单机版OKR（Objectives and Key Results）工作法"，拆解自己的任务，仅仅用了4个月的时间，就完成了《博弈心理学》《营销心理学》这两本书的书稿，其中第1本著作《博弈心理学》在中国香港以《超实用博弈必胜书》的书名再版；第2本著作《营销心理学》也经常跻身当当网心理畅销榜行列；第3本著作《行为上瘾》和第5本著作《了不起的自驱力》更是被国内著名商业顾问、前微软公司战略合作总监刘润推荐。

是的，我不仅用这套行为心理学方法找到了我的人生使命：在我有生之年出版50本书，帮助所有想要改变自己的人，还有策略地成了更好的自己。

从一个默默无闻的网瘾少年、拖延症患者、工作上没有选择权的人，再到通过不断实战、不断总结，在工作之余成为一个自律高手和畅销书作者的人；从传统制造业，跨界互联网，成为前喜马拉雅应用程序的多条业务线负责人，再到如今成为电子制造企业副总经理……这一路走来，每一步我都经历了不少艰辛和蜕变，每一步我也都真正的深有体会。

今天，我想把这套看得懂、学得会、做得到的方法讲给你，希望你不走弯路，能用行为设计心理学的方法，轻松战胜拖延，做到自律上瘾。

在本书中，我和经验丰富的图书策划人，把这套高效自律的方法，根据道、法、器、术分为四个部分：

道的部分包含了五大底层思维模型，讲的是从顽固拖延中解脱出来的信心。

我们以其中的"第一步思维"为例：很多人做不到自律，往往是因为从来只把自律当成一个口号，或者有这样一个目标，却始终找不到第一步到底该如何落脚，甚至缺乏动力去落实这第一步。

法这部分讲的是自律9步法，告诉你如何斩断源头，把拖延反复发作的概率降到最低。

9步法能让你看清楚你现在在哪里，你要到哪里去。9个步骤里不仅有目标，还有具体的方法和关键点。这就像你玩游戏时，已经预知了前方可能会有什么陷阱，也就知道怎么注意；9步法教你如何提升思考质量，避免因选择了错误的方向而耗费太多宝贵时间。总之，理解并运用9步法会让你事半功倍。

器这部分介绍了自律上瘾的工具，这是经过我的检验，帮你成功的事半功倍的自律利器。

每一位优秀的武士，都该配有先进的武器，在"器"的部分，我介绍了 5 种用硬核工具来助你自律，每一种工具都是经过我的使用体验之后筛选出的，所以才推荐给你。

术这部分是在操作层面教你如何自律，让你无须拼意志力。

千里之行始于足下，高效自律离不开落地执行，无论是早起、减脂、社交、学习、理财、职场转型以及个人成长，我都会把行之有效的方法分享给你。

"自律给你自由"，自律上瘾将给你的未来带来更多选择的权力。

或许现在的你就如同曾经的我，又或者你现在正处于 9 步中的某个中间步骤，希望把前方的路看得更清楚一点，期望能更轻松掌控自律。

如果你已经准备好了，那么我们这就开启这个走向自律的旅程吧！

目 录

001　第一章　道：自律的思维

003　第一节　走出误区　拖延症不可怕，可怕的是你不知道自己要做什么

011　第二节　第一步思维　让未来的你，拯救现在趋乐避苦的自己

018　第三节　复杂性思维　用"斜杠"防止拖延带来的负面情绪消耗你

027　第四节　不讲理思维　一旦陷入冲突，效率和章法谁还顾得上？

035　第五节　领导者思维　用好这两个字，击退一切行动困难

044　第六节　哲学家思维　如何做到既追求成功，又不急迫、不焦虑

054　第七节　备胎计划　由道入法，通往终极宝藏的航行今天出发

059　第二章　法：自律9步法

065　第一节　第1步：核心使命　如何找到人生使命，让你有目标地自律

075　第二节　第 2 步：不完美的开端　想太多却动不了？为什么开始比深思熟虑更重要

084　第三节　第 3 步：先跨越这道墙　为什么我鼓励你先把背包扔过墙

092　第四节　第 4 步：慢慢来，比较快　想要干劲十足？思考慢下来，行动才能快起来！

101　第五节　第 5 步：复盘　每晚 7 点 50 分自省，战胜内心的懒惰

109　第六节　第 6 步：上瘾机制　轻松构建"良好上瘾机制"，不再输给诱惑！

116　第七节　第 7 步：OKR 法　巧用关键结果，带给你迅速完成计划的动力

125　第八节　第 8 步：解题步骤　4 步法一次把事情做到位，不再因"畏难"拖延

133　第九节　第 9 步：复利思维　总做无用功，导致更想拖延？跳出低效勤奋的怪圈

143　第三章　器：自律上瘾的工具

145　第一节　"平行时空"　怎样做才能把一天的时间变成 27 小时？

153　第二节　提醒利器　三种工具提醒你自律，让你想"拖"都难

162　第三节　高效率设备　4 个实用工具，让你随时随地可高效办公

170　第四节　知识管理工具　4 种工具整理知识、提升学习效率

178　第五节　运动休息平台　会运动的人才能更高质量生活和工作

185　第四章　术：在操作层面如何自律

187　第一节　早起计划　这样做，你也能第一个到办公室

196　第二节　拒绝熬夜　怎样在身体层面支持你保持自律

205　第三节　成功减脂　如何在短时间内，瘦出理想效果

214　第四节　优质社交　如何更高效地获取和积累优质人脉？

224　第五节　高效学习　让人欲罢不能的上瘾学习法！

234　第六节　职场转型　如何更好地实现转型？对抗"熵增定律"！

244　第七节　个人成长　怎样构建自己的"第三空间"，做深度修行？

253　结语　你好！高效能自律者

263　后　记

265　参考资料

第一章

道：自律的思维

✅ 第一节　走出误区
拖延症不可怕，可怕的是你不知道自己要做什么

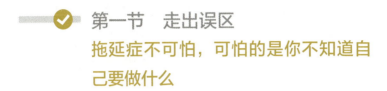

为什么很多人会陷入"脉冲式勤奋"？

有效战胜拖延症的方法到底有哪三个要素？

通过拆解目标，构建行动动机的方法是如何让人背下两万个单词的？

你是否经常有这种感觉：明知道现在应该去做某件事情，但就是停不下刷朋友圈、追剧或者玩游戏，然后一边玩一边在内心谴责自己，结果这么一谴责，半个小时、一个小时就过去了，原本计划要做的事情却仍旧没有开始。

久而久之，你可能会得出一个结论：你有拖延症。但你想战胜拖延，你想要成为一个自律的人！于是你开始学习时间管理、精力管理，在网上搜集各种自律的方法，却仍旧改变不了现状。

没有目标，小心陷入"脉冲式勤奋"

以战胜拖延为目标，看起来好像是正确的，但这个看似正确的信念，常常令人陷入误区而不自知。这个误区就是**没有目标的自律，只能让人陷入"脉冲式勤奋"**。

什么是脉冲式勤奋？简单来说就是每隔一段时间就因为突然受到某件事情的刺激或触动，而想要改变现状成为一个更好的人。但总是勤奋不了几天，就宣告放弃了。

回想一下你的高中时代。当时，你拼尽全力奋力一搏，因为考上大学是一个非常具体的目标。那时的你，是不是完全不会拖延，每天都投入大量时间在学习上，做起真题考卷也丝毫没有拖延？但当你拿到录取通知书，身处大学校园后，会突然发现人生找不到目标了，找不到意义了。

接着，身边越来越多的同学开始玩游戏成瘾，看网络小说上瘾，有些则迷恋网购、追剧，就算有人暗暗发誓想要改变现状，却发现拖延症似乎控制了自己的身体。

是的，如果没有新的目标，人就很容易忽然忘记为什么要战胜拖延，在这种情形下，你大概率会被"打回原形"。许多人都会这样，周而复始地陷入这种时而努力时而放弃的脉冲式勤奋。正因为你不知道自己要的目标到底是什么，所以难以坚持，也无法克服惰性做出努力。就同如一艘船，**如果不知道要去哪里，那对它来说任何风都是逆风。**

有人可能会说："你说的不对，我有目标，我的目标是实现财务自由，但这个目标似乎并没有给我带来多大帮助。"

没错，因为实现财务自由并不是一个可以让你立刻想到行动方案的目标，相反，它是你在实现了某个具体目标后随之而来的结果。

为什么这么说呢？我们都知道，创业能让人实现财务自由，投资也可以让人实现财务自由，很多事情都可能通往财务自由，但单单讲财务自由这件事却是没有任何清晰路径的，因为人们就不知道该如何行动去实现财务自由。你连要去做什么都搞不清楚，而战胜拖延的核心恰恰是马上去进行某项行动。

所以，财务自由显然是一个无法助推你采取行动的"伪目标"。

那到底要怎样才能推动行动、战胜拖延，成为一个自律的人呢？

这是一个好问题。不过，回答这个问题之前，你需要先了解什么是行动原理模型。

行动原理模型——有效战胜拖延症的 3 要素

什么是行动原理模型呢？它由一个等式组成，B=ATM。

等式左边的 B，是 Behavior，也就是行为、行动。它非常容易理解，行为行动就是看得见的动作。例如早上按时起床就是一个非常具体的行动；又或者下午看 2 小时的书，做了 3 页读书笔记，也是一种行动。

等式右侧的第 1 个字母是 A，Ability，是能力。能力是完成一项任务或目标的综合素质。比方说你晚上想看书，但家里的灯坏了，就连手机也没电了，这些客观因素都会导致你无法在黑暗中阅读。

右侧第 2 个字母是 T，是 Trigger，也就是触发。触发，是指触动或激发起某种反应。例如：闹钟响了，把你叫醒，这就是通过一定的设置或者方法提醒你去采取行动；手机短信来了，手机屏幕忽然一亮，此时，哪怕你猜到可能是垃圾短信，也会忍不住拿起手机看一眼。

右侧第 3 个字母是 M，Motivation，是动机。动机是潜藏在人们心底无法被看见的想法。这部分较为重要。动机是激发并维持人们行动并将行动导向某个具体目标的心理倾向或者内部驱动力。你也可以理解为行为或者行动的原动力，它和一个具象的目标有着千丝万缕的联系。

关于人类的行动和动机，心理学领域有一个很有意思的诱因理论，说的是人类的动机通常被分成两种：负诱因和正诱因。

负诱因，也就是逃避痛苦。比如你今天一定要早起，否则就会错过去旅行（具象目标）的飞机，所以就算你平时起床再晚，前一天再累，当天早晨也一定能做到准时起床，这就是负诱因的作用；同样，很多人喜欢在最后截止时间点（具象目标）之前才开始着手做工作，也是由于负诱因催生了足够强大的心理动机，从而产生了驱动力。

那什么是正诱因呢？正诱因通常被认为是自发追求快乐。假设你参加了一个连续早起 21 天就能拿到 10000 元奖金（具体目标）的活动；又或者在公司里努力完成较高的销售目标，就可以获得丰厚的业绩提成。那么为了得到奖励，也会有较强的心理动机，助推行动。

所以，行动原理模型 B=ATM 就是你的任何一种行为都由能力、触发和动机三个要素组成，这三个要素是乘数关系，缺一不可。因为该公式中任何一项为零，都意味着等式左边也等于零。既然是零，那么行动自然也就没有了，也就出现了拖延的状况。而其中，能力是可以通过日积月累地刻意练习而积累出来的；触发则可以通过工具实现，比如闹钟；而动机 M（具象目标）看起来简单，但就像前面说的，一旦没有或者设定错了，接下来的努力就全白费了。

同时，由于动机常潜藏在内心深处，如果没有特别留意，平时很难自我觉察，就很容易不知不觉中导致拖延。所以，我们为什么说人生目标很重要？因为人生目标才是真正能源源不断输送动机能量的源泉。这种巨大能量赋予的动力，才有可能真正将想法付诸实践。

相反，普通的刺激都只是一时的正负诱因，它们稍纵即逝，会随着时间的流逝消解，人有很大可能又过回浑浑噩噩、得过且过、终日拖延的日子了。

如何激发自身动机，自律上瘾？

前面说得还是有些抽象，这里举个例子来加深理解。

有一个同事一直希望减轻 10 斤体重，也知道运动是减肥的有效路径，甚至还用软件计算出只要每天运动 30 分钟，坚持 100 天，这个目标就能达成。

可是，就算思想上知道运动这件事很好，但身体却依然很诚实地好逸恶劳着。所以，无论是慢跑、快走还是跳绳，每次都坚持不到两个礼拜。直到我和她详细解释了行动原理模型（B=ATM），她才恍然大悟，原来没有足够的动机才是无法坚持运动的根本原因。

那怎样才能找到够强的动机呢？经过思考，她意识到由于平时工作很忙，一直没有时间去看她大学开始就非常喜欢的小说，但运动的时候可以听有声小说啊！

该动机于她而言足够强劲，以至于她本来打算一天只运动30分钟，但第一天运动后仍旧觉得不过瘾，运动时间开始往45分钟，甚至60分钟迈进。直到我和她说：一开始运动不要用力过猛，她才控制住了运动的节奏，保持在每天30分钟左右。

所以，当你有了一个具体的长远目标，并且将该目标拆解为小目标，行动的过程中你还能找到强劲的动机，在这种情况下，懒惰拖延是不是分分钟被化解？

✎ |小结|

> 1. 战胜拖延实现自律，其本身并不是可以促进行动的目标，没有具体目标的自律只能让人陷入脉冲式勤奋。

2. 行动原理模型，B=ATM，任何行动都由能力、触发和动机组成，三者为乘数关系，缺一不可。其中动机是十分容易被忽略的关键要素，想要自律就必须重视动机。

3. 设立具体目标，为自己找到强劲动机，有利于克服拖延，高效自律。

第二节　第一步思维
让未来的你，拯救现在趋乐避苦的自己

为什么能用"未来的你"来拯救"现在的你"？

"锚定效应"与"登门槛效应"如何帮助我们实现自律？

"第一步思维"三步法要怎么走？

从本节起，我们将进入本书的第一模块：道。道要讲的是如果你已经患上拖延症，却始终迈不开改变的第一步的话到底该怎么做。

下面就让我们先从一个例子开始。

神奇的第一步行动

我在前言里曾写到，我在之前的公司工作得很痛苦。既

不热爱工作的内容，也并不擅长这份工作，年底绩效还被评估为 3 分，这些都让我想要改变。

后来我学会了"第一步思维"，我一遍遍地问自己，如果我想成为自己渴望的样子，做一名高产的畅销书作家，我第一步到底应该做什么？

当时是 2015 年年末，微信公众号正在流行。我发现，第一步应该是先开一个公众号，写下第一篇文章并发布。虽然这篇文章只有寥寥几百字，现在看来文风也很稚嫩，但在为数不多的一些读者中，有人开始给我留言，让我去一个在线创作网站发表我的文章。

我不知道的是，这个网站时常有一些出版社的编辑老师"出没"，其中有一人给我私信，问我有没有兴趣写一本关于博弈心理学的书。一开始，我还以为对方是骗子，直到她寄来了出版合同，我才发现自己居然真的往我渴望成为的样子靠近了一些。

你看，仅仅只是开始在公众号上发表文章，这小得不能再小的一步，却如同多米诺骨牌一样，推倒了第一块之后，后面又接下去有了第二步、第三步……直到最终成了未来预期的样子。

没错，正是这种以终为始的"第一步思维"，让未来的你回到当下，拯救了现在的自己。

可能有人会说这只是运气好罢了，假如没有人推荐我去网站上发表文章，又没有编辑老师约我写书，然后，可能就没有然后了。

这个假设并非没有道理，但"第一步思维"本质上是为了打破原有无效闭环。它最核心的价值是让你站在假设自己已经达成目的的立场上，回过头来引领现在的自己，从而开始迈上成功之路，这种思维主要解决的是下面两个问题：

第一，很多走不出趋乐避苦困境的人会因过去的各种不良自我评价而无法做出有效行动。

重度拖延症患者通常会对自己有较低的自我评价，这是因为过去的经历拼合起来组成了现在的自我，而人类的大脑对将来的预期常建立在对过去的印象之上，形成一个基点，该基点就仿佛是一只沉入海底的锚，锚定了位置，那对自我的评价也就基本定型了。这在心理学上被称作锚定效应。

诺贝尔经济学奖得主丹尼尔·卡尼曼（Daniel Kahneman）❶曾做过一个心理实验，他分别请两组人猜测拉贾斯坦邦❶的人口是否超过 15 万和是否超过 180 万，然后又让这两组人分别估计该地区大约有多少人口。结果第一组受试者给出的人口估计和 15 万差别不大；而第二组受试者的答案又和 180 万差

---

❶ 是印度西部的邦，与巴基斯坦接壤。首府斋浦尔。拉贾斯坦的意思是"国王地区"。——编者注

距不太远。两组受试者之所以对同一区域的人口估计相差高达 10 倍，正是因为锚定效应。

理解了锚定效应，再让我们把话题切回自律。第一步思维让我们摆脱过去，从将来出发，想象出一个表现良好的自我，让我们的大脑以优秀的自我作为全新的锚点，从未来倒推回现在，勾勒出一条进步的曲线。在这种思维模式下，大脑就更容易计划出可以把自己变得更好的行动方案。

第二，拖延久了的人，刚开始做出改变时，并没有足够的心理能量去做一件特别困难的事情。

这就仿佛是让一个久病初愈的人一上来就跑马拉松，他不仅没有动力行动，更没有能力去做。但如果让一个习惯了凌晨 1 点睡觉，早上 9 点才能爬起来的人，尝试 0 点 59 分睡，8 点 59 分起床，作息时间仅仅往前调拨 1 分钟，那就会简单得多。又或者让一个不愿运动的人，早上只做一个俯卧撑，那也比较容易完成目标。

正是由于考虑到心理能量，所以"第一步思维"的第二个关键要素是一开始目标必须足够的"轻"，这里包含的心理学原理就是"登门槛效应"。

50 多年前，美国心理学家米尔顿·弗里德曼（Milton Friedman）和他的伙伴做了一个心理学实验，两位教授安排实验人员在不同的几座城市随机拜访了一些家庭主妇。一开始，他们要求这些主妇把一个小而美观的招牌挂在她们自家窗户上，大多数妇人都欣然答应了。一段时间后，实验人员再次前往，但这次提出的要求略微过分一点，要求主妇们把一块又大又丑的招牌放在相同位置，结果约有50%的受试者答应了该请求。对照实验组则是在初次拜访时直接用简单粗暴的方式让她们在窗前挂同样大而丑的照片，结果只有20%的家庭主妇愿意听话照做。

该实验的结果对比显而易见，两位教授把这种心理现象命名为"登门槛效应"，也被称为"得寸进尺效应"。它是指一个个体，在接受一个较小的要求后，为了让自己的认知协调，后续也有较大概率接受更进一步的要求。

所以，别看"第一步思维"中最初跨出的这步小到微不足道，但它却能实实在在地对后续更大的行动产生影响，逐步让你从早睡早起1分钟，变早睡早起1小时，再到2小时。最后你可能和我一样，做到在晚10点30分睡下，早5点起来读书写作。

第一步思维三步法

理解了"第一步思维"的核心原理，要如何对其进行应用呢？很简单，可以分为三步：

第一步：确定期望达成的具体目标。

前文说，目标是你行动的原动力。我的目标是成为畅销书作家；体重超标的女孩子想达成减脂的目标；上班总是掐着点到、时不时迟到，被领导逼着在群里发红包的小伙伴的目标是早睡早起。当你确定好了一个具体目标后，就完成了第一步。

第二步：如果想在三个月后达成目标，你现在第一步应该做什么？

这是非常关键的一步，你要想象自己已经达成目标，假设自己正在"回忆"，你当时上船的时候先迈出的是哪条腿，踩在了哪块木板上；为了实现该目标，你最初做的又是哪一个微不足道的行动。这个行动虽小，却对你产生了很大的影响。当你模拟过来人的视角，就可以敲定这个小行动，而且这个小行动得是你在一天内就能付诸实践的行动。

第三步：实践第一步行动，然后每次积累每一小步，直到目标达成。

好了，既然小行动已经确定了，那就去实践吧。当然，有时候，做完第一小步之后未必立即就能见效。就好比如果你也想做畅销书作家，未必一开始就能遇到联系自己的编辑老师，但正是这第一步小行动会带来更多新的小行动，把每一步小行动连起来，最终能连成通往目标的完整清晰路径。

小结

1.第一步思维，是一种"以终为始"的底层思维，这种思维可以让未来的你"穿越时空"回到当下，拯救现在的自己。

2.第一步思维之所以能产生重要作用，是因为它包含了两种有效的心理学原理，锚定效应和登门槛效应。其中，锚定效应在第一步思维中扮演的主要作用是让你从未来，而不是过去出发，以已经实现目标的优秀自我作为全新锚点，勾勒出一条向上的进阶曲线；而登门槛效应则促使你从一个特别小且不费力的行动开始要求自己，而且由于要求的行动量特别小，所以就算目前的心理能量再弱，也有足够的力量去践行它，做到它，进而促使你后续践行更多更大的行动。

3.第一步思维简单好用，只有三步：

第一步，确定具体目标；

第二步，穿越到未来，"回忆"你达成目标的过程中的第一步行动是什么？

第三步，践行第一步，然后一步接一步，直到连点成线。

第三节 复杂性思维
用"斜杠"防止拖延带来的负面情绪消耗你

焦虑和负面情绪是如何让你沉迷娱乐，无限拖延的？

如何用自我复杂性思维来缓冲负面情绪，抗击焦虑？

怎样只用两个方法就建立起自己的情绪护城河？

焦虑与拖延

不知道你是否注意到，每隔一段时间，"35 岁现象""职场焦虑""中年危机"的话题就会热门起来。尤其是对生活在一、二线城市的那些收入来源主要是工资的中青年，他们往往还有房贷或车贷负担，忧虑会更重。所以这些人总是感慨自己不敢请假，不敢辞职，连生病都不敢，因为担心哪怕出现了一点点变故，自己或家庭的经济支柱就可能会崩塌。

在这种精神紧绷的情况下，职场上的风吹草动都会让人更加谨小慎微、踌躇不前。

不仅是工作中，因为巨大的精神压力，很多人工作之余也没有足够的心理能量去执行其他的计划，每天回家只想开上一罐可乐或冰镇啤酒，打开手机游戏，在虚拟战场上驰骋，设法让大脑分泌一点儿多巴胺来缓解焦虑，让自己宽慰。你看，拖延就是这么来的。

焦虑导致拖延，拖延又反过来让人更焦虑。在这种焦虑与拖延的循环中，身处其中的人就仿佛游戏里的角色中了一个持续掉血的魔法诅咒，任你如何用力，它就是挥之不去、缠绕于身。

那么，有没有什么办法，能扭转这种恶性循环呢？

自我复杂性思维

请想象一下，如果部门正裁员，但有两三家企业等你入职或其他部门随时都欢迎你转岗，你还会如此焦虑吗？如果你在工作之余，每天都有各大图文、音频或短视频网站内容或广告的可观收益，这些收益至少足够你养活自己和家庭，你还会选择沉迷游戏世界吗？

我估计答案多半会是否定的。因为你有多重选择，在不同渠道都有收入，这些选择和收入就是情绪稳定的护城河，让你保持良好心态。在这种良好心态加持下，恶性循环就会被彻底切断，因为你的心理能量水平不再需求更多娱乐来缓解焦虑，你也会比以前更有干劲儿，更容易放下手机，摆脱拖延，投入中长期计划中去，持续而高效地行动。这就是自我复杂性思维在生活中的应用。

那么，什么是自我复杂性思维？

1985 年，美国耶鲁大学的心理学家林维尔（Linville）提出了一个叫"自我复杂性（self-complexity）"的概念。自我复杂性是指一个个体所具有的自我概念数量及其可区分性。用简单的话解释就是一个人拥有多少代表你自我的标签。比如你既是公司里的员工，又是自媒体人，同时还是投资者，有多种副业收入来源。

高自我复杂性者的标签通常互相独立、没有重叠；而低自我复杂性的人则只有很少的一些标签，而且这些标签很可能会重叠，比如白天是酒店大堂经理，晚上是酒吧调酒师，这种脆弱的组合在外界条件发生变化时（比如疫情），会同时受到影响。

此外，自我复杂性理论还认为，自我复杂程度不同的人对相同的冲击会有截然不同的情绪反应，因为复杂性会影响一个人加工信息的方式。复杂性低的人由于"自我"较单薄，因此所产生的负面情绪很可能是从一个自我里"溢出"的，情绪浓度高；而复杂性高的同学则不同，精神也更不容易受到外在事物的冲击。

这就好比一个人的内心世界是一张桌子，复杂程度代表着桌子有几条腿。如果只有一条腿，那如果这条腿损坏了，整张桌子都不稳了；而自我复杂程度高的人可能有好多条桌腿，哪怕其中一两条腿出了毛病，其他桌腿也可以支撑桌面，自然可以保持镇定自若；不以物喜，不以己悲。

所以，高自我复杂性有利于缓冲各种压力。就算某个事业失败了，也只不过是生活的一部分。

理解了自我复杂性的概念，怎么才能增加自我复杂性，使用复杂性思维，来让自己变成一个情绪稳定的人呢？这里介绍两种方法。

拥有高自我复杂性的方法

第一种方法，是成为一名斜杠青年。

斜杠青年指的是除了干好本职工作，获得正常的收入外，又拓展出了其他收入渠道。比如，现在很多人在工作之余，利用自己的空闲时间在图文平台上写文章，或者给有声书配音，做短视频卖货来赚取副业收入，他们就是典型的斜杠青年。

有人可能会说，这些在公众号、各大平台上写文的人都有一定的积累；那些在音频、短视频平台上输出声音、拍摄短视频的人也都非一日之功。而我现在什么基础都没有，只是个普通人，到底有没有可能成为斜杠青年呢？

能有这样的想法，说明你擅长思考。正好，让我们学以致用，巩固一下我们之前学习过的"第一步思维"。下面，请你想象一下，假如你在三年后和我一样，成了一个在各大平台写文，影响了数百万人并且出版了书籍的作者：

（1）你要走出的第一步可能是什么？

（2）是否得先注册一个图文平台的账号？

（3）好了，你花了十分钟注册好了，那下一步又是什么？

（4）是不是得在电脑前写出你的第一篇文章？

（5）可是你憋了半天都写不出来对不对？

（6）你以前写不出作文的时候会怎么做？

（7）是不是打开优秀作文大全，看看别人是怎么写的，然后模仿着写一篇？

（8）现在虽然没有优秀作文大全，但你是不是可以先看一下阅读量高的文章是怎么写的呢？

于是，你的第一步行动就应该是搜索并学习阅读量高的文章，模仿写作。

同样的方法也适用于去学着成为音频课程的主理人，或者成为短视频创作者、资产配置的投资者等。

在这个场景中，应用"第一步思维"已经可以一连串问出了八个好问题了，而当你问出最后这个问题的时候，一个具体可执行的行动方案也就这样产生了。

是的，通过使用"第一步思维"的进阶应用——"连续追问法"，无论你打算深耕哪个领域，都可以走上一条成为斜杠青年的道路。

而从此之后，你没准点亮了一棵全新的"技能树"，你的桌子也将长出一条支撑桌面的健壮"大腿"，你的自我复杂程度又高了一点，受到负面情绪影响的情况也相应少了，你的精神之海也生出了更多的心理能量，可以对抗焦虑、对抗拖延了。

第二种方法，是时刻给自己准备一个 BATNA。

BATNA，是 Best Alternative To a Negotiated Agreement 的缩写，中文意思是最佳替代方案。BATNA 这个概念最早由谈判专家罗杰·费舍尔（Roger Fisher）提出，你可以把它理解为在一场谈判博弈的过程中，除了谈判中的方案外，你手上还有一个最佳替代方案。在日常应用中，意味着你的自我复杂程度也就高了些，你也能在此基础之上提出对自己更有利的方案。

这样说有点抽象，给你来举个例子。比如在年度考评中，你们部门被评为 C（共有 SABC 四个等级，S 最高，C 最低），你的领导很快会被辞掉，而你们这些小兵也谨小慎微，人人自危。而此时，其他部门的领导向你伸出橄榄枝，希望你能到他们部门工作。这样一来，你不仅不会焦虑，还可试着与更高层领导沟通，主动担责成为原部门某业务线的负责人。

正是因为有 BATNA，就不用担心被优化，有了更多勇气，去挑战可能带来收益更大的选择。

既然知道 BATNA 有如此好处，那具体该怎么拥有呢？

我们再来练习一遍。还是先假设你在一年后获得了其他部门领导的垂青，对方希望你转岗过去帮他。

（1）你的第一步应该做什么？

（2）是不是要设法让更多部门领导认识自己？如何能获得其他部门领导的认可呢？

（3）是不是要每次公司跨部门开会的时候拿出好的方案，或者积极主动发言让大家眼前一亮呢？

（4）但万一自己表现不佳，会不会适得其反，那是不是应该要让自己至少有一到两个让人平时就能记住的亮点呢？

（5）很多人都对自己的优势不了解，其实每个人都有尚未被发掘的优势领域，所以要找到自己的这一到两个亮点，是否从现在开始就要自我梳理、自我总结呢？

于是，最初的落地行动又有了：可以从总结自己的优势领域开始。

万变不离其宗，这次"第一步思维"的应用中只问了 5 个问题，一个可落地行动的方案就又产生了。

当然，不只是在工作中，在很多场景中，为自己准备一个 BATNA 都很重要。正所谓有备无患，这些额外计划其实是给自己留了更多的机会和方向。当你手上有了更好的底牌，你的自我复杂程度也就高了一些，抵御风险的能力就又大了一些，焦虑、负面情绪慢慢减退，执行力和行动力自然会上去了。

📝 | 小结 |

1. 很多人因焦虑、心态不良导致了拖延、醉心娱乐声色，核心原因在于自我单薄，外在世界的冲击造成负面情绪溢出；

2. 自我复杂性越高的人就仿佛桌腿多的桌面，当一个人拥有多重标签，高自我复杂性有利于缓冲各种压力事件的副作用，甚至可以有效防止抑郁；

3. 要想拥有复杂性思维，切断恶性循环，选择成为斜杠青年和给自己准备至少一个BATNA都是不错的方法；在此过程中，结合"第一步思维"和"连续追问法"找到具体可落地的行动方案，将成为你踏上这条康庄大道的第一步。

第四节　不讲理思维
一旦陷入冲突，效率和章法谁还顾得上？

为什么要掌握不讲理思维？

什么是"三季人策略"和"ABCDE 策略"？

不知道你有没有这种感觉，年轻气盛的时候，特别喜欢和他人争论对错，在工作和生活中总是因为一点小事，就非要和别人辩清楚是非。最后的结果往往是时间精力都付出了，对方依旧坚持己见，自己也被气得半死。

我们都知道，每个人最宝贵的财富就是你的注意力，如果你把注意力过多地投入在这种不必要的争辩上，必然消耗大量时间、精力和心理能量；还会让你陷入负面情绪中，以至于好不容易建立起的行动目标、计划都被打乱。

那怎样才能避免这种无意义的浪费，把注意力真正放在自我成长上呢？这就是本节要向你分享的核心：不讲理思维。

不讲理思维

不讲理思维这五个字听起来有点儿奇怪，我们都是文明人，为什么要不讲理呢？其实，不讲理思维是一种思考问题的方式，并不是真的让你不讲道理了。这种思维是让你在和层次不同的人沟通的过程中，尽量避免对自己无益的损耗，把自己的注意力、时间和精力积攒到切实有意义的行动中去。

我猜你可能听过这个故事：一天，孔子的学生和一位陌生人吵了起来，陌生人坚持说一年只有三个季节，而学生则认为一年四季是基本常识。两人争得面红耳赤，直到中午都没有消停。

此时，孔子正好路过，学生赶紧拉着老师把事情的原委说了一遍，希望老师来给自己做主。孔子将陌生人上下打量了一遍，然后道：对啊，一年的确是三季啊。学生震惊了，但出于对老师的尊重，他只能顺从。

对方得意地走了，学生看着陌生人远去的背影不解地问老师，一年到底应该是几个季节？

孔子深邃的双眸望着远方，回答：四个。

那为什么要和那人说三季呢？

孔子曰：此时非彼时，客碧服苍颜，田间蚱尔，生于春而亡于秋，何见冬也？

意思是说：刚才那人一身绿色衣服，面容也十分苍老，分明是田里的蚱蜢，而蚱蜢春天出生，秋天死亡，对他来说，他的思维里根本就没有冬季的概念，所以的确只有三个季节。你就算和他再争论下去，也不会有结果的，不如顺着他说，他不就离开了吗？

说完，弟子瞬间醍醐灌顶，有了明悟。

这篇文章虽然并非出自《论语》，据考证是后人杜撰的作品，但它却很现实地反映出了人们常常会不自觉地陷入无效争辩。同时，这个故事也给了我们面对类似情况的应对策略："三季人策略"。而该策略庄子也提到过类似的概念，叫作"夏虫不可语冰"，这正是我们不讲理思维的雏形：你不必和每个人都讲道理。

三季人策略

生活中，我们也常这样，总是大摆枯燥无味的道理与事实，企图说服和自己不在一个认知层面的人。这种做法披着"让道理越辩越明"的外衣，本质上却是满足自身幼稚情绪，以维护自己的立场，满足己方存在感为首要目标的自恋需求，这种自恋需求会让我们陷入情绪困境，正如一句话所说：小孩子才争对错，成年人只讲利弊。

自恋需求让情绪失控，情绪失控将导致工作、生活也无法自律。

所以，再遇到类似情况，为了避免自己陷入情绪陷阱，只需要假想对方是无关紧要的三季人即可，不必和他多纠缠。

三季人策略在现实中如何发挥作用呢？

在我看来，三季人策略在很多场景中都非常适用，比如面对交情不深的人，完全可以把对方当作三季人，顺着他的观点说：哈哈，厉害！然后对方满足了自己的自恋需求，就不再和你多折腾，你就省下了时间和精力。

又如每年过年回家，很多远房亲戚可能在饭桌上对你的工作甚至情感状况评头论足一番，此时，如果你较真了，硬是要在饭桌上和她们辩论人生价值观，证明自己的观念或者做法才是正确的，不仅可能导致饭局不欢而散，甚至后面几天都别想过好了。所以不如在心里想象这些一年见不上几回的都是"三季人"，微笑着点头示意她们说的都是"对的"，那么大家都能在喜庆的节日收获喜悦，岂不皆大欢喜？

三季人方法简单好用，但也并不是什么情况下都适用，它针对的更多是和你的价值观完全不在一个层面上的人。那如果是你的另一半呢？如果是你的领导呢？你肯定不能把他当三季人，用敷衍的方式对付过去。

显然，假如对方是要和你长期相处的对象，三季人策略在更长的时间里，不仅无法让对方觉得自己受到尊重，反而感觉自己不被重视，遭到了你的蔑视。时间一长，可能会招致更猛烈、更变本加厉的反击。

所以，既然我们第一部分讲的是"道"，就需要从更高的维度来看待这件事情。

说到这里，你一定很好奇，这个更高维度的"道"到底是什么呢？

"ABCDE"策略

这个更高维度的"道"，正是我们另一个要重点讨论的内容："ABCDE"策略。

"ABCDE"分别是五个字母的缩写：

A 是 Activating Event，是一件事情发生了，而且通常是一件不太好的事情；

B 是 Belief，是你的信念，这里也就是说你最初的本能想法；

C 是 Consequence，是这件事情经你的信念加工，产生的情绪反应；

D 是 Disputation，是你对先前信念（Belief）的反驳；

E 是 Exchange，是反驳了原来信念后，产生了新的情绪反应。

ABCDE 最早由美国心理学家阿尔伯特·埃利斯（Albert Ellis）在 20 世纪 50 年代提出，它是可以帮助来访者解决由于原有信念产生的情绪困扰。

这种方式并不是真的不讲理，而是不讲常规的道理，通过反驳通常的信念以得到一种新的情绪。为了让你加深理解，下面我们来做一个思想实验。

假设你现在正坐在一张公园的长椅上，看着刚买来的精装畅销书。当你看得有些累了时，把书倒过来放在一旁，伸了一个懒腰，然后闭上眼睛想休息一会儿。

正在你享受着春天的微风在面颊边拂过时，忽然听到旁边有水洒了的声音，你睁开眼睛一看，哎呀，这下糟了，刚买来的新书被咖啡弄湿了！

此时，请感受一下这种情绪，你是不是感觉有点惋惜，甚至有点气愤？这人怎么随便就把人家的东西给弄坏了呢？

可是还没等你开口，你再仔细一看，天哪，他居然是个盲人，此时再反观自己的情绪，此时此刻，又是怎么想的？

是不是庆幸自己没有把什么尖锐的东西放在旁边，否则这位盲人可就惨了。

好了，让我们结束这场思想实验。在整个过程中，我带你走了一遍完整的 ABCDE：

A，事件：有人碰翻了你的咖啡。

B，信念：公共场所，怎么能随便损坏别人的东西呢。

C，情绪：感到气愤。

D，反驳：天哪，这人原来是盲人。

E，交换：情绪变成了庆幸，还好不是尖锐物品。

在现实生活中，如果是心智中没有"安装"不讲理思维"程序"的人，在遇到带来压力的事时，流程往往走到 ABC就结束了。比如，领导不给我加工资就算了，还给我派那么多活，这是想累死我吗？按照这个思路继续想，就会越想越气，然后一边工作，一边在心里咒骂领导，这样交出的工作不仅质量很难保证，自己和领导的关系也会越来越差。

但如果用如同前文那样不讲常规道理，反驳通常信念的思维呢？

只有超过常规的工作量，才能让我在最短的时间获得最大的提高，一年的时间顶上别人两年、三年。如果你用这种改变后的信念再来看原来的事情，情绪状态就会变化。

同样的道理，三季人策略，也是通过反驳通常的信念，把对方看成一个不值得与之争辩的人，改变了情绪，从而节省下了争论的精力，从负面情绪中恢复过来，然后走出冲突的死胡同。

不讲理思维让人戴上了一副新"眼镜"，用一种与以前全然不同的眼光来看待遇到的事情，这种方法能帮助你将注意力、时间、精力、心理能量保存下来，将这些稀缺资源投入更有意义的自我成长和计划、行动中去。

 小结

1. 面对一些讲不通道理的人，三季人策略为我们提供了一种应对策略。

2. "ABCDE 策略"由事件、信念、情绪结果、反驳和改变情绪组成，每次在负面情绪出现后，继续尝试接下来的 D 和 E，从而改换出积极的情绪。

3. 需要强调的是，我们不只是为了学会某一两种方法，更要理解策略背后的方法，三季人策略和"ABCDE 策略"都是通过反驳通常的信念，用全新的情绪和处事方式来应对原本可能给你带来负面情绪的事件，帮你扫除心理障碍，提高行动效率。

✅ 第五节　领导者思维
用好这两个字，击退一切行动困难

> 遭遇空难的乘客是依靠什么办法自救的？
>
> 为什么领导者思维能激发心理能量，让人做出有意义的行动？
>
> 如果一件事情的成功率只有10%，重复多少次才能把成功率提高到 90%？

本节重点来说领导者思维。在开始本话题之前，我想邀请你在下面这个场景中做一场思想实验：

你跟领导和同事正在一个讨论会中，主题是最近遇到的一个非常棘手的难题，正当所有人都陷入沉默的时候，大领导发话了：那么，谁来牵头这个项目呢？

瞬间，几乎所有人都把自己的目光移到了别处，生怕和大领导有眼神接触，这个烫手的山芋可就传到自己手上了。

假设你接手了这个案子，而且解决问题的概率只有20%~30%，你会怎么选择，又会做出什么反应呢？

这就是我们今天分享的"领导者思维"要帮你解决的问题，这个方法可以帮你在个人或者团队遇到瓶颈的情况下，克服内心犹豫、拖延和恐惧情绪，帮你击退一切困难。

不过，你也不要被"领导者思维"中"领导者"三个字吓住了，以为这是领导才需要拥有的思维，在生活中，你也可以运用领导者思维。就像管理，不一定只有领导者才可以学，任何人都可以用管理思维来处理日常琐事。

好了，在讲什么是"领导者思维"，以及如何运用"领导者思维"之前，让我们先来看一段真实发生的故事。

真实的空难

1972 年 10 月 12 日，有一架飞机从乌拉圭飞往智利，半途中，它遭遇了非常恶劣的天气，这架飞机在海拔 3900 米的雪山上坠毁了。

不过幸运的是，45 位乘客当中，有 28 人居然幸免于难，活了下来。

但他们面临的难题是怎样在这冰天雪地的安第斯山峰上

生存下来？

严寒中，不断有人离开人世。到了第 10 天，飞机残破的收音机里传来了噩耗，搜救队觉得这些人存活下来的可能性已经微乎其微，所以中止了搜救行动。

随着食物告罄，剩下的这些人订立了一个"恐怖协议"：如果我死了，你们可以吃掉我。没错，为了能活下来，他们不得不开始进食自己死去的朋友。

12 月 12 日，一个名叫帕拉多的幸存者决定牵头解决这个棘手的难题。他召唤了另外 2 名协作者，自发组成了"自救小组"，开始踏上一条死亡率相当高的寻求救援之路。

12 月 20 日，有 3 人看到了 1 个骑马者的身影。

12 月 23 日，帕拉多根据记忆，引导救援直升机，成功找到了剩余幸存者。

这件事情被记入史册，被称为"安第斯奇迹"。帕拉多也成了当之无愧的英雄。

这场空难还于 1993 年被拍成了灾难片《天劫余生》（*Alive*），评分也很高。

领导者思维

如果我们把这场险境中的自救看成一个项目的话，帕拉多组建"自救小组"的初始成功概率可能连 5% 都没有，他甚至在飞机坠毁后，直到 10 月 15 日才醒来。

但帕拉多却表现出了常人并不具备的 3 个特点：

第一，他能跳出原有的思维框架。我命由我不由天，帕拉多在情况已经糟糕到极点的场景下，仍想自救，而不是幻想等救援队来；

第二，他积极展开行动。从提议自救行动，再到成功说服另外两位伙伴与他共同组成"自救小组"，这份积极的推动力让绝望的人看到了生存下去的希望。

第三，他没有选择鼓舞别人前去寻求救援，而是自己身先士卒，亲临未知的险境，带头在极度严寒中翻越山脉，寻找希望。

国内知名管理学学者，《领导力必修课》的作者刘澜用两个字概括了帕拉多的行为：我来！

是的，"我来"虽然只有短短的两个字，但它却是我们今天所要说的领导者思维的精华。

我们都知道什么是领导，领导就是在一定条件下，指引和影响个人或者组织，以实现某种特定目标的人。

那么，领导者思维就很好理解了。它是一种为了实现特定目标而产生的行为动机，是克服一切包括犹豫、拖延、恐惧等诸多负面情绪，让自己和团队都能保持投入的一种信念。

领导者思维如何助你战胜拖延？

还记得我们第一讲中的行动原理模型，也就是行动 = 能力 × 触发 × 动机这个公式吗？

"我来"这两个字所体现的是一种强烈的动机。更进一步说，这两个字的背后，还能引申出三种心理动机，它们分别是：

第一，"我想来"；

第二，"我该来"；

第三，"我能来"。

而正是"我想来、我该来、我能来"这三种底层动机，让一个人内心深处发生了蜕变，从说出这两个字之前的犹豫、拖延和担心，变成了之后的果决、行动和坚定。

我们先说说"我想来"。

"我想来"代表一个人认为完成某项挑战很有意义，这种意义让人面对挑战，虽知艰难，却又忍不住想要设法填补差距，跃跃欲试。

就像史蒂夫·乔布斯（Steve Jobs）曾对时任百事可乐总裁约翰·斯卡利（John Sculley）说：你想继续卖一辈子糖水，还是跟我一起改变世界？

这句话击中了斯卡利的内心，激起了他内心深处对意义的追求，让他醍醐灌顶，瞬间形成了一种精神动力。

这种动力成功吸引了斯卡利放弃百事，来到苹果，并在1984年和乔布斯合作，最后共同发布了著名产品——麦金塔电脑。

"我该来"，则能唤醒自身的义务感，它是另一种动机，是一种推力。

1969年，心理学家毕博·拉塔内（Bibb Latané）和约翰·达利（John Darley）做了一项心理学实验，实验人员让受试者坐在一间房间里，其间请隔壁房间一位女性实验人员假装从椅子上摔下来，并发出足够令受试者能听到的呻吟声。

第一组，被试者单独在场，70% 的人前去救助；

第二组，两个互相陌生的被试者一起在场，只有平均40%

的人去帮忙；

第三组，由实验人员假扮的"消极救助者"不停对被试者说"不用帮忙"，救助率降至7%。

这个心理实验反应的结果被称为旁观者效应（也称责任分散效应），它是指随着旁观者的数量增加，这些受试者主动站出来行动的可能性就会减少。

而"我该来"的想法，让自己成为唯一负责人，就突破了旁观者效应，形成了强而有力的义务感，推动自己去行动。

"我能来"，强调了自己的信心，是一个人对自身能力的相信，这种相信也是一种动机。

因为相信，所以行动；因为行动，所以成功的概率就会随着行动次数的增加而提高。

我们来看一个分析：假如做一件事情，成功率只有10%，重复多少次才能把成功率提高到90%呢？

答案是22次，为什么？因为：$1-(1-10\%)^{22}=90.16\%$。

成功率10%，意味着失败率就是$1-10\%=90\%$，90%的失败率重复22次，用数学来表达就是0.9的22次方，计算下来，失败率就会减少为9.84%；再拿1减去9.84%的失败率，得出的结果就是成功率，可不就是90.16%吗？

当然并不是说要你每件事都重复22次，我想强调的是，你想要做成一件事情，就必须行动。

什么能触发行动呢？如前文所述，因为相信，所以行动；因为行动的次数增加，所以成功的概率增加。

"我能来"，看似只有3个字，但当心里发出这个声音的时候，一个人就会立刻感受到一种由内而外的"信念感"，就觉得自己有能力完成目标，行动公式也就成立了，也会促进人诉诸行动；而不断地行动，最终保证了成功的概率越来越高。

你可能会说，"我想来""我该来""我能来"，听起来都挺有道理的，但具体遇到事情的时候，到底该怎么做呢？

得到和罗辑思维联合创始人兼首席执行官李天田说：人生总有很多左右为难的事，如果你在做与不做之间纠结，那么，不要反复推演，立即去做。莽撞的人反而更容易赢。

NLP创始人卡梅隆·班德勒（Cameron Bandler）更是说过：一旦你认同和接受了某件事情该去做，那你就会开始忽略自己是否可以做，大脑会自动开始思考如何做。

所以，大道至简，答案显而易见，在犹豫的时候，在困境中，在别人踌躇不前、前瞻后顾的当下，拥有领导者思维的你，就可以直接说：我来！

📝 |小结|

1. 领导者思维不仅是在团队遇到瓶颈的情况下，解决内心犹豫、拖延恐惧，击退行动困难的方法，领导者思维同样可以运用在生活的方方面面，尤其是畏难犹豫的时刻。

2. "我来"这两个字蕴含领导者思维。可以从中引申出"我想来""我该来""我能来"。"我想来"诱发意义，"我该来"带来义务感，而"我能来"则让人有信念感。这三种感知都能有效激发心理能量，促使你去填补差距，克服旁观者效应，从而不断采取行动。正是因为这三种交织在一起的感知，才让成功变成可能。

3. 落地实践大道至简，当你能不再犹豫地说出"我来"，领导者思维便从此刻开始伴随你左右。

✓ 第六节　哲学家思维
如何做到既追求成功，又不急迫、不焦虑

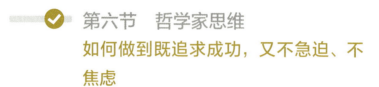

为什么要拥有哲学家思维？

斯多亚主义（Stoicism）的主张为什么对现代人帮助巨大？

斯多亚主义的五大核心思想是什么？

　　哲学家是一个智慧的群体，在这个群体身上我们看到了从容和淡定。他们很少会因为焦虑的情绪消耗自己的心理能量，浪费大量时间。

　　所以，本节主要介绍哲学思维。我会和你分享哲学流派中最入世的主张之一：斯多亚主义，并且和你详细说说斯多亚主义最重要的 5 种核心思想。希望你掌握了这些核心思想后，能保持一个不焦虑、不急迫的心理状态。

　　下面，就让我们开始。

焦虑与拖延共生

阅读本书的读者一定对自己有一定要求，有自己的阶段性人生目标，比如：25岁前成为主管，30岁前成为经理，35岁前成为总监，40岁前成为副总经理或者副总裁。

不过有一个不得不面对的问题，那就是生活并不是网络游戏，晋升路径也不必然是线性的。

所以，很多时候，越努力换来的不一定是越幸运，越努力可能越让人陷入焦虑。

你可能会问，焦虑和拖延又有什么联系呢？

焦虑的心态会让人更在意外界评价，正是由于在意外界评价，他们会更期望自己的成果能趋于完美。对于完美的追求会让人持续地在细节中纠缠，无法展开行动，这不正是我们所说的拖延吗？

不仅如此，拖延会导致来自外界评价的压力愈发增强，这就会让焦虑者陷入一个恶性循环中。

不过，生活中有这样一类人，他们的平静并非假装，他们似乎真的能做到不以物喜，不以己悲。

这些人面对领导或上司既不谄媚，也不蔑视；

这些人看待升职加薪既不急迫，也不佛系；

这些人对待赚钱致富既不焦虑，也不狂妄。

这些人是不是引起了你很大的好奇：

到底要怎样，才能也像这些人一样，成为一个追求事功，又不焦虑的人？

我的答案是：成为一个斯多亚主义者。

斯多亚主义

斯多亚主义一般指斯多葛学派，在一些地方，也被称为斯多葛主义，它是古希腊一个非常重要的哲学流派，与柏拉图的学院派齐名，同时也是古希腊流行时间最长的哲学学派之一。

有一本著名的书叫《沉思录》（*The Meditations*），这本书由罗马五大贤君之一的奥勒留撰写，这位帝王是一个"既知道那么多道理，又过好这一生的人"。

最开始，奥勒留给这本书起名叫《致我自己》，把日常的思考记录在其中，却没有想到，后人把这本传世巨作改名为《沉思录》出版，直至今日，都还是多个网络书城排名前

20 的畅销书。

作为斯多亚主义者，奥勒留崇尚的斯多亚主义的主张是：尽人事、知天命，以宁静内心推崇理智、勇于担责、诚意正义、格物致知。

听到这里，是不是让你想起了王阳明的阳明心学？是的，中西先贤在"道"的追求上可以说一脉相承，融会贯通。

但斯多亚主义更强调坦然沉着，无忧无惧，积极入世。

这种主张不是与世无争，更非佛系，而是追求内心宁静的同时也要有所作为，力求结果。

这可不正是每天我们这些担心项目延期、回款不足，焦虑升职无望、加薪无门的职场人士迫切需要的一种状态吗？

那么，如何才能成为一个斯多亚主义者呢？

为了成为一个追求事功又不焦虑，能定期做出成果的人，有必要了解斯多亚主义者的 5 个重要的思想。

五大核心思想

第一个核心思想：情绪软垫。

和纯粹乐观主义者不同，乐观主义者总盼望事情会朝一帆风顺的方向前进，但却屡屡失败，于是陷入自怨自艾。斯多亚主义者总是先去假设最坏的情况，这种假设能在现实中为自己缓和情绪，等于铺上了一层厚厚的情绪软垫。

假设一个公司经营情况不良，气氛必然十分压抑，因为人人都会担心自己会不会是下一个被"优化"的。

我的一位前同事曾遇到过类似的情况，不过有一天，这位同事对我说自己想通了，虽然她之前还很焦虑。她说：最坏的情况无非自己合同到期不再履约，而她所在的公司在行业内还算比较正规，所以就算被优化了，也至少能得到应得的赔偿。

有一天，她发现既然自己可以接受最坏的结果，那每天上班也就不必再焦虑。几个月后，这位同事不仅持续保持住了良好心态，并且还获得了成果：拿到了顶尖公司的入职邀请，薪水涨幅也很可观，这一定不是一个急迫、焦虑、病急乱投医的人可以从容达到的境地。

第二个核心思想：影响圈。

史蒂夫·柯维（Stephen Covey）在《高效能人士的七个习惯》（*The 7 Habits of Highly Effective People*）中抛出过"关注圈"和"影响圈"的概念。"关注圈"是指你只能关注，却很难去影响的事情，比如美国总统大选、你所在行业的兴衰等；而"影响圈"则是你可以通过自身努力去改变的内容，比如今天早上把一个演示文件做完，明天和客户签下合约。

雷茵霍尔德·尼布尔（Reinhold Niebuhr）也曾有一段著名的祷告文，这段祷告文只有3句话：

请神赐予我宁静，接受我所无法改变的；赐予我勇气，改变我所能改变的；赐予我智慧，让我分辨两者的不同。

斯多亚主义者的主张比这句祷告文早了1500多年，比柯维的7种习惯更是早了2000多年，但他们都深深地理解并践行停止对无法控制外物的焦虑，把注意力聚焦在自己身上的行事准则。

比如一个持有斯多亚主义的销售，他会认为：个人业绩提升不上去，就多找项目，扩大销售漏斗，用数量去抵御产品竞争力不足、转化率低的特点；公司高层目光短浅，就寻找外部机会，谋求其他发展机会；行业落寞我虽然不能改变，就业余时间学习新技能，先做个斜杠青年，然后再伺机跨行业完成转型，实现跃迁。

就像斯多亚哲学家艾比克泰德（Epiktetos）曾经说的那样：普通人试图改变世界，斯多亚主义者试图改变自己。

第三个核心思想：活在未来。

许多人都有一个习惯，总是会说："哎，如果当初怎样怎样就好了"。

可是，过去早已成为既成事实，面对翻洒的牛奶，流再多眼泪也无济于事。

斯多亚主义者则是活在未来的人，他们就像我们之前讲的那样，会假定是未来的自己来"营救"现在的我。

比如我有另一位前同事，在职场遭遇了来自上司的霸凌。上司一直安排给他不擅长的工作，美其名曰锻炼他，接着再用糟糕的结果来彻底打击这位前同事的自信。

我问他，如果5年后，你已经成为部门总监，并且还获得了空前的成功，那么今天的你走出的第一步应该是什么？

他把视线移到地上，想了好一会儿，然后说：我走出的第一步应该是立刻离开他。

5年后的他，拯救了今天的自己，他没有再把注意力聚焦在两人的关系上，而是花了半个月的时间达成目标：找到了另一个更适合他的领导，转岗到了能发挥他才干的岗位。

第四个核心思想：克己。

除了去假想最糟糕的情况来控制心态，斯多亚主义者为了获得勇气、意志力以及任何想要拥有的卓越品质，还会在生活中假装最坏情况已经发生。

有部纪录片《富豪谷底求翻身》（*Undercover Billionaire*）曾经一度占据朋友圈。

55岁亿万富翁格伦·施蒂姆（Glenn Stearns）隐藏了自己的真实身份，仅仅带着100美元现金和一辆小卡车，来到陌生的美国宾夕法尼亚州伊利小镇。

他要在最糟糕的现状中，用 90 天的时间创造一个估值 100 万美元的企业。

第一阶段，为了节约开支，这位亿万富豪不惜每晚睡在卡车里，做义工去换一顿午餐。这个阶段他和绝大多数人一样，依靠出卖个人劳动力获取收入，积攒了 1200 美元。

第二阶段，格伦利用自己的认知和阅历，找到一家马上就要歇业的二手车商，通过低买高卖，转售了一辆丰田汽车和一辆凯迪拉克汽车；依靠信息不对称，迅速赚到了将近 10000 美元。

第三阶段，融资行业出生的他瞄准二手房买卖，他使用金融杠杆，以极低的首付拿下一套内部破烂不堪的二手房，接着马上找到一位装修老手做翻新（通过谈判约定售出后给予薪酬，通过银行贷款获得住房装修费用），以 85000 美元售出，获得 40000 美元纯利。

而从第二阶段开始，格伦就已同时布局，招募志同道合的伙伴，以 0 元薪资，收益共享的方式，协同策划和创立以烧烤与啤酒为主业的餐饮品牌 Underdog BBQ，并在伊利小镇的烧烤节上以令人无法拒绝的美味一举成名。

格伦把自己置于最糟糕的情况，却又从谷底绝地反攻。虽然创业过程一会儿这里掉链子，一会儿那里的团队成员情绪崩溃，但通过解决问题的能力和良好的沟通能力，格伦以

90 天的时间就换来了专业的团队、可供开业的资金和当地的良好口碑，最终在专业投资人士的评估下，获得了 75 万美元的估值。目标基本实现！

第五个核心思想：复盘。

追求事功，三省吾身一日皆不可放松。

今天我收获了什么？今天我感恩什么？今天我有没有犯以后不该再犯的错误？今天我抵制住了什么诱惑？今天我的实际结果和目标有多少差距？

斯多亚主义者通过不停反思自己，成了一个每天都在迭代升级的小程序。

依靠反思，孔子的爱徒颜回"不贰过"，从不犯相同的错误；苏格拉底也说：未经反思的生活不值得过。

不断反思，你的能力会在经验的积累下不断提升，也可以真正地把经验内化成能力，得到你想要的结果。

小 结

1. 斯多亚主义是一种十分符合现代人追求事功、积极入世，同时又避免急迫、焦虑等负面情绪，安享内心平静的哲学流派。这种哲学家思维，有利于你淡定、从容地在追求个人成长的过程中做出令自己满意的选择。

2. 斯多亚主义主要有五种核心思想，它们分别是：

核心思想一：情绪软垫；

核心思想二：影响圈；

核心思想三：活在未来；

核心思想四：克己；

核心思想五：反思。

第七节　备胎计划

由道入法，通往终极宝藏的航行今天出发

本节是第一章的复盘内容。我希望你不仅仅是阅读如何自律，更希望你从认识到理解，从理解到内化，把内容变成你自己的，转化为你的行为习惯。

所以，下面来对五大底层思维模型进行一次复盘。

"道"的部分是常规计划，是我们塑造自己内心世界的过程，而该过程就像你作为船长在为一次即将到来的远航做准备。这些准备工作分别是什么呢？

我们把它拆解为五大思维模型。

模型一：第一步思维，理解目标。 一艘船如果不知道自己要去哪里，那么任何方向都是逆风。

第一步思维主要解决"想要起步但迟迟没有行动"的问题，不行动的根本原因是你连自己想要去哪里都还没搞清楚，而当你好不容易搞清楚之后，却由于自我评价太低，又或者拖延太久，也就没有足够的心理能量让你去行动。

为了解决这一系列问题，第一步思维给了你一个范式，这个范式分为 3 步：

第一步，确定具体目标；

第二步，穿越到未来，"回忆"你达成目标前的第一步行动是什么？

第三步，践行这第一步，然后一步接着一步，直到连点成线。

模型二：复杂性思维。一艘船如果没有配备救生艇，那么船员的心态必然是脆弱的。

复杂性思维解决的正是内心脆弱的问题。让自我复杂性高起来的你不易被情绪压垮，更不容易受到外在的冲击。

如何建立复杂性，我也向你提供了两种具体可行的方案：

方案一：将自己打造成一个斜杠青年；

方案二：为自己准备至少一个 BATNA。

同时，在此过程中结合"第一步思维"，使用"连续追问法"，找到 24 小时内就能立刻执行的具体事情。

模型三：不讲理思维，理解情绪。一艘船如果没有灵活转向的舵，那么任何暗涌、礁石都可能阻碍它的前行。

不讲理思维解决你遇到困难时的情绪问题，转变你应对问题的态度，绕开不必要的坑，从容前行，我为你准备了"ABCDE"策略：

A 是 Activating event，是一件事情发生了，而且通常是一件不太好的事；

B 是 Belief，是你的信念，这里也是指你最初本能的想法；

C 是 Consequence，是这件事情在你信念的加工下，反映的情绪；

D 是 Disputation，是你对先前信念的反驳；

E 是 Exchange，是反驳了原来信念后，改变出的情绪反应结果。

模型四：领导者思维，理解困境。一艘船如果没有船长，那么任何困境都可能让它踌躇不前。

领导者思维可谓大道至简，只有简单的两个字：我来，却能引申出"我想来""我该来""我能来"。

"我想来"诱发意义；

"我该来"带来义务感；

"我能来"则让人有信念感。

这三种想法，都能有效激发心理能量，激发行为动机。当你能不再犹豫地说出"我来"，便领悟了领导者思维。

模型五：哲学家思维，理解焦虑。一艘船如果没有导航系统，那么任何逆境都可能让人焦虑。

哲学家思维解决的正是你的焦虑，可以使人用五步思想调整到坦然的状态：

核心思想一：情绪软垫；

核心思想二：影响圈；

核心思想三：活在未来；

核心思想四：克己；

核心思想五：反思。

当你有了这五个核心思想，你就有机会触摸所谓"追求事功"的境界。

第二章

法：自律 9 步法

现在，你已经为本次远航做好准备了，那么接下来就让我们解开缆绳，奔向大海。接下来的内容将由"道"入"法"，让你从源头解决问题，把拖延反复发作的概率降到最低。

在开始之前，我认为很有必要对这 9 个层层递进的方法有一个初步的认知：

第 1 步，找到核心人生使命，让你有目标地自律。

在道的阶段，我告诉过你，你需要一个目标，有些人摸着石头过河，幸运地找到了。但可能更多的人虽然和自己死磕，却不得其法，依旧没有找到目标。所以在第 1 步，我会教你一套核心范式，帮你找到属于你自己的、独一无二的人生使命、人生目标。

第 2 步，一个不用太完美的开端。常常觉得想太多却动不了？开始比深思熟虑更重要。

找到自己的人生使命、人生目标后，就要开始迈出步子了。我知道你的第一步很可能会迈得特别忐忑，所以这一节我会和你分享为什么一个不完美的开端很重要，这会让你从容不迫，充满自信地开始。

第 3 步，只用一招，教你顺利翻过"懒癌"的高墙。

这一步会介绍一种心理学技术，这种技术克服的是你内心深处的心理阻力，你要学会套路自己，一旦掌握这种套路，会发现原来坚持也不是那么难。

第 4 步，学会控制自己。想要干劲十足？思考慢下来，行动才能快起来！

有一句话你一定听过：慢慢来，比较快。就像行军走路一样，"不怕慢，就怕站"。这句话听起来有些反常识，却说出了一个人在个人发展、个人成长过程中最重要的一点，你只有真正地理解和开始践行这句话，才可以不靠运气地凶猛成长。

第 5 步，复盘。重视每晚 7 点 50 分的自省时刻，战胜内心的懒惰小人。

人人都知道复盘重要，但很多人却不会复盘。为什么你进步总那么慢？为什么你总是没法坚持复盘？为什么你复盘的效果不尽如人意？在第 5 步中，你可以找到答案。

第 6 步，开始"上瘾"！构建"自律上瘾机制"，不再输给诱惑！

上瘾在这里并非不好的事，其核心内容就是把"瘾性机制"拆解出来，然后用在任何你想要刻意练习的项目上。其实，学习是一件非常反人性的事情，所以通过使用上瘾的机制，你就能把"学习"和"上瘾"有效结合，构建出你自己的"自律上瘾"机制，这种机制将在很长一段时间里让你的大脑在愉悦中学习成长。

第7步，关键结果法。巧用关键结果法，拥有迅速完成计划的动力。

这一步是我个人非常喜欢的 OKR 方法，只可惜这套来自英特尔，被谷歌、领英推而广之的有效技术被很多国内企业用歪了。在这节内容里，我会向你分享纯正、有效的 OKR 方法，然后把这套方法用在你个人身上，帮助你有章法地，仿佛可以看到进度条似的，一步步提升。

第8步，用4步法一次把事情做到位，不再因"畏难"拖延。

这是一套可以帮你达到任何目标的方法！是目前国内互联网大厂高管们普遍推行的一套方法论，甚至不少公司和牛人还专门使用这套方法建立了"践行机制"。你想象一下，当几乎所有同事，每天都在使用同一套达成目标的4步法，以"上下同欲""日拱一卒"的力量去推进某个目标，这种力量有多可怕？

第9步，教你利用"复利"思维，不做无用功，不再拖延，跳出低效勤奋的怪圈。

讲真，许多陷入低效勤奋的人真的是没有"复利"意识。这节内容中，我不仅会训练你的"复利"意识，还会指导你如何在日常工作和生活中用好"复利"意识，把虚拟的思想，变成实实在在可以看得到摸得着的结果，甚至在你的同事还在加班加点的时候，你就已经可以在群里发表你的可落地方案了。

好了，这艘船已经启航了，想象一下你就是船长，站在船头，张开双臂，看着脚下海面上的波浪正在越来越快地往后退，你甚至能感受到面颊迎来凉爽的风，还能听见几只信天翁的叫声，它们跟着你的船展开了翅膀滑翔。

此时，画面一变，切换到了第三视角，从空中俯瞰这艘船，然后视角越来越高，船也变得越来越小。这艘船最后变成了地图上的一个小红点，呈曲线动态前进，曲线的尽头是本次启航的终点，终点有一个宝箱，它是你本次航行的终极奖赏。

没错，这个终极奖赏就是依靠你的人生使命创造出来的、价值连城的宝藏，这也是我们下节要写的内容。

第一节　第1步：核心使命
如何找到人生使命，让你有目标地自律

你的人生使命到底是什么？

为什么人生使命清晰的人更容易自律？

如何通过4种方法来找到属于自己独一无二的人生使命？

你是否经常会在一些新闻，或者公众号上看到类似这样的话题，比如某大企业裁员34岁以上的员工，又如35岁的人，别成为职场上的奢侈品等。

这些话题不仅引发三四十岁中年人的焦虑，年轻一些的人看到，可能也会怕自己有一天会不会也被公司优化，面临被裁员、在职场上没有竞争力的境地。

于是你可能会问，到底怎么做，我才能变得不凡、永远不被替代？

我的答案是：你要找到你的核心区，即你的人生使命。

人生使命

什么是人生使命？人生使命就是怎样用好你的天赋。

天赋在英语中叫 gift，有礼物的意思，天赋是老天赐予你的珍贵礼物；使命的英文是 Mission，是任务，也可以解释为艰苦的长途旅行。人生使命的意义连起来，就是用老天赐予你的礼物，来一次艰苦的长途旅行。也就是用你擅长的能力，从有激情的方向出发，为他人创造独特价值，同时带来精神或物质回报的旅程。

比如说：彼得·德鲁克（Peter F.Drucker）的人生使命是成为现代管理学之父；曹雪芹的人生使命是完成旷世巨著《红楼梦》；袁隆平的人生使命是创造一个没有饥饿的未来。

这些使命太大，离你太远对吗？

那《三体》《流浪地球》这些科幻小说的作者刘慈欣你一定听说过吧，他的人生使命不是在电厂做高级工程师，而是用中国科幻带领全人类去感受星辰大海。

如果说我们平时的目标受社会或他人影响，而理想又都大多脱离实际，飘在天上。那么人生使命则是从你的心之向往出发，又能落实的目标。

而这些在各自领域做出杰出成就的人，他们也都了解自己的人生使命，可以说，人生使命是他们取得骄人结果的动力。

人生使命如何帮助你

人生使命到底为什么能帮助这些人取得结果，甚至创造不凡成就呢？和我们讲的自律又有什么关系呢？

其实，追求人生使命的过程，就像我们小时候学过的一篇课文《卖油翁》，课文里卖油翁酷酷地说：无他，唯手熟耳。"手熟"是一种积累；当下，在《异类》（*Outliers*）的作者马尔科姆·格拉德威尔（Malcolm T.Gladwell）看来，这种积累可以称为 10000 小时定律；安德斯·艾利克森（Anders Ericsson）的"解释"则更近一步，叫"刻意练习"。

要知道，真正拥有人生使命的人是很容易自律的。这是因为人生使命可以使一个人在他真正热爱并且擅长的领域努力，令人每天都充满激情，一睁开眼就想工作，甚至像巴菲特一样"跳着踢踏舞去上班"。

而且一个人如果想要持久保持对人生使命的热情，就需要和社会大众的需求对接，需求决定市场行为，这意味着只要将事情做好，就可以积累人脉，甚至得到金钱收入。

比如美国作家凯文·凯利（Kevin Kelly）在《技术元素》（*The Technium*）中说：保守假设，铁杆粉丝每年会用一天的工资来支持你的工作。这里，一天的工资是一个平均值，因为最铁杆的粉丝花得肯定会比这更多。

所以，同样的一份工作，在一个普通人看来，仅仅是一件为自己谋生的活计，但在拥有人生使命的人眼中，这份工作却是"心之向往"，会很愿意把这门手艺变得"手熟"、积累 10000 小时、每天都做"刻意练习"。

人生使命就决定了一个人能否有效地投入时间。拥有人生使命的人，是否更容易实现"坚持"和"自律"呢？

如何找到自己的人生使命

读到这里，你可能已经很期待了，既然以人生使命推动工作有如此大的力量，那一个普通人，该怎样找到属于自己独一无二的人生使命呢？我在此介绍 4 种策略：

第 1 种策略：三环合一法。

这个方法来自《从优秀到卓越》（*Good To Great*）的作者吉姆·柯林斯（Jim Collins）。柯林斯在斯坦福大学商学院获得杰出教学奖，拥有丰富的商业和职场经验，还曾在麦肯锡、惠普等全球 500 强公司任职。

柯林斯为我们总结的三环理论是这样的：

第一个环：你热爱什么，什么事情能让你持续保有激情？

第二个环：你擅长什么，什么事情你能做得比其他人都好？

第三个环：别人需要什么，什么事情能为你带来利益，成为你的收入来源？

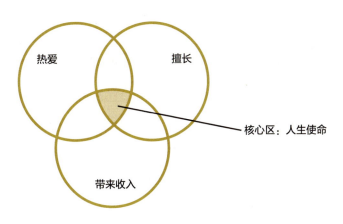

这三个环交接的阴影部分，就是你的核心区，你如果能在你的核心区里找到能做的事，那就找到了自己的人生使

命，会做得比别人都好，甚至成为大师。

所以，当你寻找到属于自己的三环合一的部分，就找到自己的人生使命了。

第 2 种策略：先 MECE 再做减法。

读过《金字塔原理》(*The Minto Pyramid Principle*)的同学一定知道 MECE 分析法，全称是 Mutually Exclusive Collectively Exhaustive，它的中文意思是"相互独立，完全穷尽"。

MECE 分析法在寻找个人的人生使命上有什么作用呢？

答案是，你可以挑一个周末下午，给自己留至少 3 小时不被打扰的时间，然后把你喜欢或者擅长做的事情一个个都写下来：比如，摄影、做幻灯片、画漫画、跳踢踏舞等。至少要写上 30 件事。

你可能一开始会写得很快，但越到后来速度就越慢，但是没关系，逼着自己写，直到凑满 30 个为止。

很多人在写的过程中，会突然发现某件事击中了自己的内心，甚至会感觉鼻子一酸，热泪盈眶。恭喜你！如果在此过程中你发现了这样一件事情，你就已经成功一半了。

比如当我写下"此生以出版 50 本书为目标，实现著作等身"这句话时，就感觉胸腔中有一股闪耀的光在震动，眼中盈出泪水，感觉抓住了自己的长期人生使命。

但为什么是只成功一半？我接下来会细说。但有些人就算写满了 30 个，其中仍旧没有让自己热泪盈眶的事情，该怎么办呢？

那么接下来就要开始做减法了。把那些一看就是三分钟热度的不靠谱内容一个个删掉。这个过程和刚才正好相反，因为越到后面会越困难，越难以割舍，直到只剩下 5 件事情。

最后你要去判断，在这 5 件事情中，哪件事情可能给你带来经济收入，那一两件事情大概率就是你的人生使命。

第 3 种策略：四大天王法。

如果说"先 MECE 再做减法"适合理性、喜欢分析问题的伙伴，那么四大天王法可能偏感性，因为这是一种通过主观感觉，找到自己人生使命的策略。

首先，你要找到 4 个你特别想成为的人。

我还是拿自己举例，我自己就特别想成为某几个行业内的大咖：李笑来、吴军、刘润、武志红……

其次，从这四个人身上，分别提炼 3 个标签。

比如，

李笑来的标签是：写作、演讲、投资；

吴军的标签是：写作、科技、数学；

刘润的标签是：商业、写作、演讲；

武志红的标签是：心理学、写作、心理咨询。

最后，寻找共性。

这 4 个人的重要共性是"写作"，排名第二的是"演讲"，排名第三的则是其他内容。所以对我来说，"写作"和"演讲"就是我的人生使命。

你可能会问，不需要再去匹配社会需求了吗？是的，不需要。因为四大天王法身上的标签通常都是你可以看见的、商业化之后的产物，所以肯定是被市场需求的，这种依靠感觉的方法也能帮你找到自己的人生使命。

第 4 种策略：37% 试错法则。

如果通过上面两种方法还是没找到，怎么办？

还有一种笨拙但有效的办法，那就是试错。

试错的成本很高，所以我放在了最后。

《算法之美》（*Algorithms to Live by: The Computer Science of Human Decisions*）的作者，2009 年人工智能洛伯纳大奖得主布莱恩·克里斯汀（Brian Christian）和加州大学心理和认知科学教授汤姆·格里菲斯（Tom Griffiths）这两个名字有点长的外国专家总结出一个"37% 法则"。

什么是"37% 法则"？

它的意思是说：人们在做选择时，可以把观察和选择分为两个不同阶段，前 37% 的时间用来观察，记住让自己最满意的部分；37% 的时间过去后，如果看到了和预期情况差不多的选项，就不要犹豫，立刻去选择它。

"37% 法则"能被用在择偶、挑选二手房、选馆子吃饭等限定场景中。同样的，对于判断人生使命来说，"37% 法则"也是一种帮助你做出满意决策的方法。

我们假设一个大学生在 25 岁毕业，而正常退休年龄为 60 岁。那么在 35 年的职业生涯中，这个 37% 的时间点应该是工作的第 13 年，也正是 38 岁。

所以，如果你还不足 38 岁，那你可以尽可能地去试错，观察哪件事情让自己感到满意；如果你已经超过了 38 岁，也没有关系，从过去自己感到满意的事情中去挑选一件，虽然这件事情可能不是完美的人生使命，也一定是你的次优选择。

📄 | 小 结 |

1. 人生使命就在你的核心区中，是你怎样应用你的天赋。

2. 由于人生使命是你的心之向往，因此就更容易达成自律，能比其他人相对轻松地修炼 10000 小时，进行刻意练习。

3. 为了找到自己的人生使命，可以使用 4 种策略：

第 1 种策略：三环合一法。

第 2 种策略：先 MECE 再做减法。

第 3 种策略：四大天王法。

第 4 种策略：37% 试错法则。

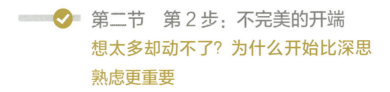

第二节 第2步：不完美的开端

想太多却动不了？为什么开始比深思熟虑更重要

为什么你永远猜不到人生故事的结尾？

什么是鲁莽定律？

怎样用 SAFFF 法则高效点亮你的技能天赋点？

猜不到结尾的故事

到底什么是不完美的开端呢？

对任何一件事来说，开端都可能并不完美，甚至很烂。不过尽管开头很烂，中间也可能挺折磨人，并不顺利，但却足以改变你的生命轨迹。

2008 年，美国爆发了金融危机，那一年我在一家台企的半导体工厂上班，为了扛过订单量陡然下滑的困境，公司开始执行强制休假降薪政策，虽然收入减少挺郁闷的，但这让我有了更多的时间，于是我开始着手写一本有关"80后"如何对抗金融危机的书，写了7.8万字，反复修改了7次，但最后却由于找不到出版社愿意出版无疾而终。

2009年7月，不甘失败的情绪让我放下书稿，把目光转向另一件很感兴趣的事情——手账。于是我辞职创业了，花了1个多月的时间寻找印刷厂生产以植物、埃及和五行元素为主的手账，跑市场拓宽渠道，结果3个多月后，我和合伙人发现这根本养不活自己，生活压力越来越大，于是只能厚着脸皮找到原单位领导，接着回去上班。

这么一折腾，在论资排辈文化严重的台企里，我只好重新排队，当时的我年轻气盛，憋着一股劲儿，于是在2010年年底，跳槽去了另一家公司，可刚到新公司报道才不到1个月，原单位首席运营官宣布全员大幅涨薪，很多人甚至涨薪幅度高达50%左右，这个消息让我郁闷不已。

在这之后的很长一段时间我一直在反思：我是不是太折腾了，如果当初不写书，是不是就不会因为不甘心而跑去创业；如果当时创业前想清楚一点，是不是就不会因为出走了一段时间而需要重新论资排辈；如果当初不重新排队，我是不是就不会离开原来公司，就能跟着涨薪了呢？

可是，如果站在 10 多年后的现在回头去看，我不仅从传统制造业转行跻身互联网行业，成为多条产品线负责人，还成了电子制造行业领头企业的副总经理，每天面对时代前沿技术。目前我还出版了 6 本书，完成了人生出版 50 本书目标的 12%；更重要的是，我现在每天都在做热爱的事情，而且这些事还能带给我不错的经济回报。

如果现在我还在最初的公司，可能收入也较高，但一定还在从事虽然擅长但枯燥乏味、不符合个性特征、无法拓宽视野，更与我的人生使命相去甚远的事情，当然，也不可能有现在这种状态。

你看，这可不就是一个开头很烂，但结尾还不错的故事嘛。

鲁莽定律

正是这个很烂的开头改变了我的生命轨迹，让我从每天按部就班，在公司里得不到重视，无法发挥自身长处的状态，投身到有社会和商业价值，同时也是我心之向往的领域。而且从目前来看，以 1 年出版 1~2 本书的进度来说，也还不错。

但是，在很长一段时间里我依然不敢和别人宣称不完美的开端适合任何人，因为上面这 10 年经历可能只是我的个人经验，甚至我在获得这些成果时，也觉得应该主要把它们归因于幸运。

直到我在 2018 年年初，看到了得到首席执行官李天田分享的一条定律：鲁莽定律，我才发现，这策略确实有效。

李天田说：人生总有很多左右为难的事，如果你在做与不做之间纠结，那么，不要反复推演，立即去做。莽撞的人反而更容易赢。

因为如果不做，这件事就永远是停在脑中的"假想"，由于不知道真实的结果会是什么，这件事对你的诱惑会越来越大，最终让你后悔。而去做，就进入了尝试、反馈、推进的循环，最终至少有一半概率能做成，不后悔。

正是因为我一开始写了本自娱自乐的书，一本没有出版社愿意出版的书，有了这个"尝试 A"，我才开始接收到来自社会的"反馈 A"；正是因为我放弃了较稳定的收入，趁着成本比较低的时候去试着创业这项"尝试 B"，我才逐步获得了一些市场需求信息，得到了"反馈 B"。

但当时我没总结出这一点，所以我直到 2015 年年末，才又后知后觉地重新践行"鲁莽定律"，开始再次写作，一篇又一篇地写，从最开始一周只能写出 500 多字，阅读量只有个位数，到通过不断的"尝试""反馈"和"推进"，后来能逐步写出 1300 多字，阅读量也升至上千，甚至偶尔过万。再到现在每周都能输出 3 篇像样的 3000 多字文稿，日拱一卒地去践行人生 50 本书的计划。

我时常在想，幸亏当年误打误撞使用了"鲁莽定律"，觉醒了写作天赋，否则可能到现在仍旧是一个在工厂里苦哈哈，每天做着重复事情的理科生。

但是请注意，"鲁莽定律"虽然有效，不过它还是一种低效的"埋头探索"模式，因为算起来我花了 10 多年的时间，才把自己的人生目标向前推进了 12%，而且这 12% 也是从 2016 年后才真正开始推动起来的。

那什么才是更高效的方式呢？

是接下来的 SAFFF 法则，是一种比起鲁莽定律更新一代的自律策略，它能更高效地帮助你开启一段行动，从今天开始，一个个觉醒属于你的天赋的方法。

SAFFF 法则

SAFFF 法则一共由 5 个单词的首字母组成，它们分别是：

Start，开始；

Action，行动；

Forecast，预测；

Feedback，反馈；

Fix，修正。

第一步，开始： 我假设你现在已经完成了第 1 步的修炼，找到了自己的人生使命，那么接下来的第一件事情就是"立刻开始"。这里请注意，立刻开始，意味着你必须今天，最好 2 小时内开始，而不是明天开始。

为什么呢？还记得 B=ATM 这个公式吗，M 是你的动机，动机在最开始的时候就像一朵弱不禁风的花骨朵，是很脆弱的，会随着时间的推移衰减，尤其是一觉睡醒后，你前一天的动力很可能会消失不见。

所以，要开始做一件事情的时候，不是"要么不做，要么就做好"；而是"要么不做，要么就立刻开始"。

第二步，行动： 现在你已经从精神上开始启动了，所以你的行动也要马上开始。如果打算减肥，那么你的身体就可以蹲下，然后站起来，再蹲下，再站起来，重复这个动作 30 次。没错，你已经做了几下箱式深蹲了，2 个蹲起就能消耗掉大约 1 大卡的热量。

如果你早上在床上醒来但起不来，理性上做好了要起床的决定，但身体这头"大象"就是不听话，没关系，你可以先集中注意力，从动一动你的小手指头开始，然后是两根手指、三根手指，你会发现你身体的苏醒面积也在逐步扩散，越来越大。

而如果你打算和我一样，想要开始写作，那你也可以立刻写下 50 字，发到你的朋友圈。

第三步，预测：行动结束之后，你就留下了一个脚印。

这个时候，不该马上继续行动，而是先设法对自己的下一步行动做预测。为什么我不让你直接思考前面的结果？而是先去做预测呢？因为这是一步非常关键的行为设计：

如果你的预测不准确——当然，你的预测在一开始大概率会不准确——但正是这种不准确，会让你产生一种落差感，在行动产生结果之后，这种落差会促使你深入思考，到底哪里不对；与此同时，落差也会让你印象更深刻。

比如以减肥为例，如果按某个具体的"每周减脂食谱"进食，可以预测一下本周 7 天 21 顿饭之后，会有几次超标进食、偷吃几次零食，一周后你的体重又会下降了多少？请务必养成预测的习惯，因为当预测和实际情况发生了对比，接下去的第四步反馈，才更有意义。

第四步，反馈：是的，这是让你从 10 分、20 分进步到 80 分、90 分乃至 99 分的关键一步。

就像刚才说的，除非运气爆棚，否则一开始的预测一定会和真实反馈有很大距离，但是没关系，反馈是真实世界最确切的回馈，从反馈中你可以找到改进的方向，一步步调整你行动的策略。

比如一周下来，你的体重虽然降低了一些，但比起其他人一周减了 0.7kg，你的减肥速度很缓慢，才 0.1kg，这和你的预测产生了不少落差，这个落差就会迫使你去寻找原因。

于是你发现，那些一周减了 0.7kg 的人，她们一顿饭会分几次吃，这样一直有饱腹感，避免偷吃零食，摄入额外的热量。

于是，你就进入了第五步。

第五步，修正：修正一定是基于反馈的。

当然，在经验还没积累起来的情况下，最开始可能会把 20 分修正成 18 分、15 分，但没有关系，修正的时候还可以参考别人的行动方案。

仍旧以减肥为例，可以效仿他人经验，每天中午只吃一半的饭菜，另一半先放着，等到下午三四点感觉有点饿了的时候，再把剩下的吃完。

你看，当你开始行动，你就进入了行动预测反馈修正的闭环，你的能力在这个闭环的修炼下会越来越高，如果换一个熟悉的名字来描述这个闭环，它就是"刻意练习"。

📝 小结

1. 鲁莽定律：人生总有很多左右为难的事，如果你在做与不做之间纠结，那么，不要反复推演，立即去做。莽撞的人反而更容易赢。

2. "二段 – 烂头"的启动方式，由五个单词的首字母组成，它们分别是 SAFFF：

S，Start 开始；

A，Action 行动；

F，Forecast 预测；

F，Feedback 反馈；

F，Fix 修正。

第三节　第3步：先跨越这道墙
为什么我鼓励你先把背包扔过墙

> 为什么想要修炼一项技能要先购买昂贵的道具？
>
> 为什么"跨墙策略"对人们有效？
>
> 怎样具体落实"跨墙策略"？

如果你已经开始行动了，但总是三分钟热度，没有办法坚持。那么在本节要详细讨论的方法中，我会和你聊聊一种可持续、能有效激发自身行动动机的策略，这种策略叫作：跨墙策略，即"先把背包扔过墙"。

逼迫自己专注的方法

著名的幻灯片设计师许岑，曾为许多知名品牌设计过精美的发布会幻灯片，也是位畅销书作者。他曾向人介绍说，他在 26 岁时学吉他，一开始没有像大家那样在琴行或者网上买上一把几百块的初学者吉他，而是跑到专柜去买了一把非常昂贵的吉他。

他为什么要这么做呢？有钱任性？

但据他所说，这笔钱其实是他借来的，之后也花了 1 年才还上。但这也是他学成吉他的关键：他心疼这笔钱，所以每天花 4 小时不停练习，才觉得对得起自己花的这份钱。

如果你想考工商管理硕士（Master of Business Administration，MBA），你认为是依靠自学备考更容易；还是花高价报名一个考前辅导班，更容易考成？我的答案是：花高价报名考前辅导班。

是因为我有钱任性吗？当然不是，但花了这些钱，我会感觉心疼，如果每天回到家不做 1~2 张真题考卷，都觉得对不起我支付的这笔钱。

前文提到的许岑有段时间想练书法，也用了同样的办法。他买了 20 元一张的宣纸。

练过书法的人一定了解，一次书法练习，一定会用至少 3~5 张的宣纸，这宣纸 20 元一张，练习一次就要花费 60 到 100 块钱不等，会不会太奢侈了呀？

同样道理，之所以要选择 20 元一张的宣纸，而不用一般人常用的旧报纸，或者 5 毛钱一张的廉价宣纸，也是为了训练自己的专注力。因为只有专注力聚焦于此，才能做到练习书法所需要的"一丝不苟"，真正地达到刻意练习的效果。这就是逼迫自己专注的方法。

先把背包扔过墙

无论是练吉他、考硕士还是练习书法，我都想要和你分享一个逼迫自己行动的策略：先把你的背包扔过墙。

想象你的眼前有一堵墙，这堵墙有点高，爬起来有一定的困难，但你知道自己只要努努力是能爬过去的，只不过拖延症困扰着你，让你提不起劲儿，不太想去爬。

这时候比较好的策略是什么呢？

没错，就是先把你的背包取下来，猛地一扔，把背包先扔过去。你的背包已经在墙的另一边了，爬过墙就是你唯一的选择，此时，你会发现你身上的拖延症、懒癌全都消失了，你也有足够的动力去干这件事。

把背包扔过墙之所以能起到良好效果是因为人有一种叫作"损失厌恶"的心理机制。这个概念由 2002 年诺贝尔经济学奖得主，美国普林斯顿大学教授丹尼尔·卡尼曼提出。

损失厌恶是指人们面对相等数量的收益和损失时，会觉得损失让自己更难以忍受。

为了验证这个心理学效应，卡尼曼教授特地设计了一个心理学实验。

他让受试者参加一个抛硬币的游戏，这枚硬币质地均匀，没有做过任何手脚，游戏的规则是：如果正面朝上，那么被试可以获得150美元的奖励；而如果背面朝上，那么就得付出100美元的惩罚。

有点概率学知识的人一眼就能看出，卡尼曼教授的这个实验是在给大家送钱啊，毕竟概率五五分，而获胜赢得的钱收益要远超输掉赌局的损失，这个游戏如果长期玩下去，卡尼曼教授铁定亏钱，而受试者铁定赚钱。

但事实上又如何呢？

大多数人都拒绝参与这个实验，因为在人们的心智中，损失100美元的痛苦，要大于赢得150美元的快乐。

这也很好理解，我们打个比方。

第一种情况，假如你上班时在地铁站里捡到170元人民币，但其中的100元又不小心掉了；第二种情况，你在地铁里捡到了70元人民币，后面也没再发生其他事情。是不是第一种情况让你觉得心里有些舒服，而第二种情况却只会让人单纯地感到愉悦呢？

虽然捡到钱都应该交给警察，但人类的底层心理都是差不多的，这也恰好证明了卡尼曼教授实验的结论。那么到底最少收益要达到多少才能弥补损失 100 元的痛苦呢？

同样通过心理试验，答案是：200 元。也就是说，人们要得到 2 倍的回报，才能接受损失 1 倍的现实。

所以，再让我们把话题回到把背包扔过墙这个比喻，比起坚持一件事情能带来的好处，做不成一件事情会带来损失，损失所带来的动力会更强。这会给你紧迫感，让你赶紧行动起来，从而避免损失。

报名高价备考班迫使自己每天做真题考卷，购买 20 元一张的宣纸让自己每一笔毛笔字都凝练着高度的专注，无限接近于"一丝不苟"的状态，正是"损失厌恶"的效果。

所以你看，普通人的坚持是对自己大喊口号"绝不认输"，自律者的坚持是对自己使用损失厌恶的策略。

两种替代策略

不过你可能会说，"损失厌恶"这个道理我懂了，不过这也太奢侈了，我可没那么多钱，有没有便宜一点的方法，让我用到"损失厌恶"的心理，克服拖延症、懒癌，达到自律的效果呢？

是的，接下来我要分享的另外两种方法，正是你马上可以去执行的策略：

策略一：增加不达成目标要付出的成本。

我们常在新年的时候给自己设定年度目标，比如一年读完 20 本书，今年减肥 20 斤，或者今年一定要换一个工作等。

但年度目标年年设定，年度目标又年年达不到，怎么办？一个有效的办法就是与几个好友互相约定，谁达不到目标就在这一年的年底请大家吃一顿平时舍不得吃的海鲜自助大餐。如果都达成任务，那就平摊餐费，大家一起吃大餐庆祝一顿；如果所有人都未达成目标，那就不庆祝。

这样一来，你就会深思熟虑，不可能给自己定一个做不到的目标，你立下的目标一定垫垫脚就能达成，例如一年读完 10 本书；另外，由于损失厌恶的心理，你不愿意出资请客。这就倒逼你自律。

还有一种办法就是为了让自己保持某种好习惯，和朋友们约定，各自设定一个目标，并预先交押金，设立奖金池，完成任务后瓜分奖金池。但这种方法不太容易找到合伙的朋友。

到了年底，无论是谁请客，一顿不那么奢侈的大餐都是对达成目标者自律和坚持行为的犒赏。

这种犒赏会让大脑感到愉悦，而这种愉悦是让行为上瘾的关键要素，关于构建行为上瘾的原理是我们后面的内容，我会在后面的章节中详细说明这个普通人不了解却又每天都在起作用的脑科学知识。

策略二：公开承诺。

除了让自己付出成本以外，如果你认为自己是一个好面子的人，那也可以使用公开承诺策略。

这个策略就仿佛是古代打仗前立下军令状，比如在朋友圈或者办公室里向周围人宣布，每周定要坚持3次深蹲，每次2组，每组40次。

虽然承诺的目标并不高，但人们总是不想食言，所以你可以在自己能力范围内做出类似的公开承诺。

不过我必须强调，有些不把自己的名誉看得那么重要的人，或者公开承诺的内容超出了自身能力范围，那么这一策略会失效。

所以在使用这条策略前，需要做好以上两方面的评估。

▨ 小结

1.先把背包扔过墙：我希望你在感到自己很可能无法坚持的时候，通过本节行为设计方法来激励自己，把在意的背包先扔过墙，用损失厌恶的心理给自己强而有力的心理动力，让自己得以不断地做出向目标迈进的行动。

2.三种具体策略：

（1）支付高额学费或购买昂贵道具，利用损失厌恶心理，提升专注力；

（2）增加不达成目标的成本，激励自己自律；

（3）用公开承诺的方式，让自己有足够的动机完成承诺。

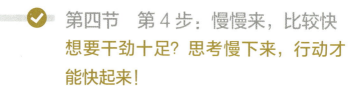

第四节　第4步：慢慢来，比较快
想要干劲十足？思考慢下来，行动才能快起来！

为什么"慢慢来，比较快"？

慢思考如何帮助你实现自律？

控制策略四步法具体怎么做？

许多时候现实世界中的工作并不是简单线性的重复劳动，往往比较复杂，有的任务虽然是一次性的，但又很重要，是整个项目推进中不可或缺的环节；又或者你一直想考研，你想提升自己的学历，让自己再往前迈一步，但每天上班已经很累了，你没空思考怎样进行，所以一再推迟计划。

面对这种情况，你又该如何实现自律呢？

所以本节会介绍一种用慢思考解决复杂任务中的拖延问题。

两个思想实验

在讲具体的方法之前，先做一个简单的思想实验，假设现在你在工作，我打断了你并问：在不借助计算器等电子工具的情况下，请你计算一下 72×24 等于多少？

你心里一定在想，这道题我应该能做，但又有另一个声音响起，说：我现在不太方便、也不太愿意做，对不对？

而且不一会儿你就会把这件事情给忘了。

现在，我再在你工作的时候打断你，问：请你计算一下 9×9 等于多少？

你肯定会说，哎呀，这也太简单了吧，不就是 81 吗？这种题目小学生都能做出来。

你看，同样是乘法题，一道题目被搁置了，另一道题却立刻解出。

这是为什么呢？

答案很明显，因为 72×24 更复杂，需要不少中间步骤，要动用慢思考；而 9×9 很简单，乘法口诀谁都背过，所以用快思考就能立刻得出答案。

快思考与慢思考

你注意到了吗，我刚刚提到了两个词：快思考和慢思考。那什么是快思考，什么又是慢思考呢?

这两个概念出自丹尼尔·卡尼曼的著作《思考，快与慢》(*Thinking, Fast and Slow*)，在卡尼曼教授看来，快思考是直觉性的判断，是自主而且无意识的，比如你在夜路上行走，突然前面闪出来一个人影，你被吓了一跳，然后立刻想要逃跑，这就是快思考的结果。这种快思考让我们人类的祖先在条件恶劣的原始时代存活了下来。

而慢思考则是有逻辑且严谨的，在慢思考的过程中，人们需要集中注意力，让大脑充分地运转，然后分析眼前的情况，做出判断和决策，再付诸行动。

人类的大脑通常都是懒惰的，因为这样更节能，是大自然选择的结果，所以通常情况下人们常用快思考。比如，我刚刚举的算数例子。任何学习过乘法运算的人都知道，72×24 其实就是列一个竖式，先拿 72×4，等于 288；再拿 72×20，等于 1440；再将 288 和 1440 做个加法，最后得出 1728 的答案。最后一步加法虽然会稍稍费点脑子，但相对

于直接口算 72×24，还是比较容易完成的。

不过，就像我们小学学习乘法运算的时候，老师要求我们把竖式在一张草稿纸上写下来，然后一步步认认真真地去做拆分运算。只有这样，这道复杂的题目才能快速得出结果。可以说，这就是一种慢思考的过程。

理解了快思考和慢思考，你可能会问，这和我的拖延问题有什么关系呢？

其实，正是因为这些工作任务如同 72×24 一样复杂，无法用本能的快思考立刻获得答案，所以就容易被一而再、再而三地拖延、搁置。

虽说我们遇到的问题肯定比 72×24 复杂得多，但其实它们让你的大脑感到复杂的原因是一样的。同理，在真实世界，如果需要找到问题的解决方案，也和处理 72×24 这道算术题的解题方法如出一辙。核心就是需要你把快思考转变为慢思考。

与此同时，在现实生活中，当一个人的脑子里堆积了太多这类需要动用慢思考的复杂任务，而且迟迟不行动或者行动没多久又不继续了，就容易让他对自己的评价降低，徒增精神内耗。人也会变得越来越焦虑，拖延不自律就成了常态。

身边许多喊着要去读个研究生，要去完成一件什么大事儿，但迟迟没有动静的人也是因为这个原因。

现在，我们已经明白了慢思考是为了分解步骤，克服拖延，抓住过程，拿到结果，所以接下来我要介绍让快思考变成慢思考的关键步骤，也是我们自律九段法的第 4 步——控制策略。

控制策略

是的，我把使用慢思考来应对这种复杂项目的过程叫作"控制策略"，具体要怎么控制呢？分为四个步骤。

第一步，使用"巴菲特控制法"，也就是把你想要达成的事情写下来。

写的动作，是把人从"快思考"模式强行拉进"慢思考"模式的有效方法。比如巴菲特有一个非常著名的习惯，那就是他如果无法在一张纸上把自己交易股票的理由写下来，就绝不进行交易。因为没有经过"慢思考"的交易操作很可能比较情绪化，往往是错的。

比如巴菲特会在纸上写下：我接下来要对苹果公司做大约 500 亿美元的交易，主要是因为……

这些内容是有严谨的因果逻辑的，不是一时兴起的产物，而是经过认真思考的结果。

所以如果你要考研，我也建议你先使用"巴菲特控制法"把这个复杂的一次性项目写下来，比如：我接下来要开始考研，主要是因为……

通过动笔，可以明确这件事情背后的逻辑，到底是因为看到别人也考，有从众的心理，还是真的看清楚了自己的发展方向，需要一个相关专业的硕士学历学位。

第二步，列清单。把复杂的一次性项目，像处理 72×24 一样，把需要实现的步骤列出一个清单。

如果你看过阿图·葛文德（Atul Gawande）医生的《清单革命》（*The Checklist Manifesto: How To Get Things Right*）就一定理解"清单的力量"，清单的力量主要体现在下面 3 个方面，我们以考研为例来加深理解：

首先，清单可以帮助你明确具体要做什么准备。比如你可以把别人考研路上曾经遇到过的难点，例如全国联考、面试答辩及其应对的具体措施，比如购买历年真题来练习、每天背诵高频单词、面试答辩经验学习等罗列出一个行动清单。

其次，罗列好具体的清单内容后，把近期需要做的事情变成每周 TDL。TDL 是 to do list 的缩写，意思是需要做的事项清单，是你每个礼拜必须完成的某几个具体行动。当有了具体的行动，慢思考的过程也就成了一个可以用快思考完成的简单动作，完成了这些动作，你也就离完成整个项目更近了一点。

再次，调整优化清单。一开始列出的清单是基于别人的经验，但具体到自己身上可能会出现一些变化，当你有了清单之后，应该随时把它打开，检查哪个行动计划和实际遇到的情况有所出入。这就是把行动清单写在纸上或者记录在电子设备里的好处，这要比只记在大脑里好太多了。

下面，给你一个实际例子，一张罗列清晰的日清单可能是这样的：

早上通勤时，用背单词软件记忆 10 个高频词汇；

中午午休时，找个没人的会议室完成半份数学真题；

晚上临睡前，完成剩下的半份数学真题。

每次任务强度都不会特别大，但正所谓流水不争先，争的是滔滔不绝，所以每天都能往前"拱"那么一点，累计起来，总的进步就会很可观。

第三步，针对关键节点设置 EFL。

EFL 是 early finished line 的缩写，意思是最早完成时间线。你可能会说，别人都说 DDL（也就是 deadline，最晚完成时间线）是生产力，你为什么要设置 EFL？

你说对了一部分，DDL 的确是驱动力，很多人学生时代都是在暑假最后几天完成整个暑假的作业，工作后也是，不到 DDL 前都没有动力去着手开始工作。但 DDL 不是有效的自律工具，EFL 才是。

我们之前在讲"第一步思维"时说到过"锚定效应"，DDL 设置的时间实际就是一个锚点，但却是一个无法让你提前行动的锚点，但 EFL 则把完成时间锚定得更早，这种锚定会有较大概率让你在这一天前就开始实施这项具体行动，是比 DDL 更有力量的自律工具。

还是拿研究生考试举例，比如你打算练习写作文，原来定下的 DDL 是周末结束前，现在则用 EFL，就可以把时间设置在周六下午 2 点前。都有一定概率去执行自己许下的诺言，所以到点，就会自动自发坐在写字台前，动笔练习。

第四步，如果不得不推迟某项行动，把理由写下来。

你看，我们从"写"开始，最后还是要落回"写"。因为拖延是一种情绪，只有通过"写"，你才能分辨出推迟某件事到底是有逻辑上的原因，还是拖延的情绪在作祟。

譬如因为周五部门聚餐不能完成晚上的半份真题考卷，那就写下：今天剩余真题考卷留到明天早上 10 点前完成，因为晚上有聚餐。这样做的好处是，你对自己的理由控制得很严格，所以有一些不太能站住脚的理由就会被识别出来并克服。

所以，整个四步法就是一个用慢思考来定目标、抓过程、控变化、拿结果的过程。当思考慢下来了，复杂的项目就被拆解成可落地的具体步骤、具体任务了，你的行动自然就更容易快起来。

这就是：慢慢来，比较快。

✎ 小结

1. 控制的方法是"慢思考"，是用"写"的方式，充分细致思考后把复杂事件拆分为具体的过程，这个过程也被分为四步。

2. 控制策略四步法：

第一步：使用"巴菲特控制法"，把你想要达成的事情写下来，并且要写清楚想要达成的原因。

第二步：列清单。把可能需要实现的步骤列成具体行动的清单。

第三步：针对关键节点设置 EFL，即最早完成时间点。

第四步：如果不得不推迟某项具体行动，同样把理由写下来。

━━━✔️ 第五节　第5步：复盘
　　　每晚 7 点 50 分自省，战胜内心的懒惰

> 究竟什么是复盘？
>
> 复盘有什么好处？

通过四个步骤，在固定时间帮你实现高效的结构化复盘。

本节，我会用结构化的复盘范式来帮助你对付心中的懒惰，并且让你在完成复杂任务的过程中变得有效而且高效。

什么是复盘

首先我们先来说说，什么是复盘？

复盘本来是一个围棋术语，是指一场围棋战局结束后，旗手通过复演这盘棋局，检查对局的过程中双方招法的优劣和得失，它的目的主要是不断地提高自己的水平，让旗手在

以后的棋局中不犯相同的错误，并且反复提炼"妙手"，以在类似的情境下复用。

后来有人发现，复盘这种技术不仅仅可以用在围棋上，在军事、企业发展、个人发展这些领域，复盘也可以帮助个人在事后深入地结构化反思，帮助人们总结经验和规律，提升个人与组织的能力，并起到提升绩效的良好效果。

许多知名企业如华为、腾讯的团队管理流程中都有复盘这一项，以确定每个项目中的得失。现在，复盘已经成为许多成功企业和个人的标配。

复盘有什么好处

复盘听起来好像挺高大上的，那它具体有什么作用呢？

爱因斯坦说：我们无法在原有的认知水平上解决原有的问题。所以，复盘最大的好处是能帮助你沉淀经验、萃取知识、解决问题、提高效率。

举个例子，比如1990年，国际救助儿童会派遣杰里·斯特宁（Jerry Sternin），前往越南解决当地儿童营养不良的问题。此前，大量专家已经得出结论：当地卫生条件落后、人民经济情况贫困、连饮用水都匮乏。但在斯特宁看来，这些都是正确的废话，如果从这些条件入手，解决当地儿童营养不良的问题将遥遥无期。

于是，他就组织一些处境相同但孩子健康状况良好的家庭进行复盘。结果发现，这些妈妈会在米饭里放一些小虾小蟹和甘薯叶，这些在当地随处可见的便宜食材为孩子补充了必要的蛋白质和维生素。通过推广这一结果，仅仅 6 个月后，当地 65% 的儿童营养问题得到了显而易见的改善，在进一步推广后，总共 265 个村庄，220 万村民受益。

所以你看，复盘改变了百万人的生活，这足以证明复盘背后强大的力量。

怎样通过复盘实现自律

听完这两个例子，你可能会觉得，通过复盘总结、提炼出来的策略对团队进步是挺有效果的，但对个人来说，我们应该怎么复盘才能让其发挥作用呢？

首先我们选定每晚 7 点 50 分作为你的复盘自省时刻。

你可能会很好奇，为什么要选择这个时间呢？

因为一天工作通常在 7 点 50 分结束，同时也是属于自己时间的开始，每天花 5~10 分钟做了复盘，可以立刻把结论和教训应用到下一个行动周期里。

而且对于有些人来说，这个时间点可能正在上下班路上，又或者是吃完晚饭的时间。总之，我们需要的是一个没有他人打扰的时间。

当然，每个人的情况可能不同，具体时间你也可以自己调整。但是无论挑选哪个时间，请固定下来，并且在你的手机上设置一个闹钟，每天提醒。

你还记得我们讲的行动原理模型 B=ATM 吗，这个闹钟就是 T，Trigger 触发，每天在固定时间点，触发你复盘的仪式感。

复盘四步走

好了，到了你定好的时间，手机闹铃响了，我们就进入了以下几个步骤。

步骤一：回顾目标。

既然是回顾目标，也就意味着当天至少有一个目标。

这个目标是从昨天而来的。今天执行的是昨天设定的行动目标，明天复盘的也是今天设定的行动目标。

我们先假设你昨天设置的行动目标是写完一篇 3000 字文章中的第 2、第 3 段，大约 1000 字。

但回顾目标可不仅仅是回顾一下就可以了，我们要做分析，比如你的目标是写 1000 字，结果你只写了 500 字，那么完成率就是 50%；相反如果你写了 1200 字，那完成率就是 120%。

你可能会说，那如果不是这种可以量化的目标怎么办？

其实具体任务目标只要拆分得足够细，基本都可以量化。比如完成多少个仰卧起坐、说服几个人来帮你周末搬家，又或者是为考研做完多少份真题，写几页方案，甚至是打算买一只股票，但被情绪左右，结果买了另外一只股票等（当然这种完成率就是 0%），都是可以量化输出结果的。

与此同时，如果某个抽象任务实在没办法量化，比如对你写下的 1000 字进行质量评分，那么一个有效的方法是凭感觉估计一个质量完成率，比如 70%，表示你给自己的文章质量评 7 分。

这样一来，昨日目标的完成情况就一目了然了。

步骤二：评估策略。

我们说，菩萨畏因，众生畏果。第一步的目标完成率仅仅是一个结果，导致这个结果好坏的则是完成任务的过程，所以还需要对过程做评分。

我们来举几个例子。

比如我们依然拿写 1000 字来说，你之所以能顺利写出来 1000 字，是因为早上在地铁上看了一本书，做了笔记，有输入；还是说身边曾经发生的事情让你有触动，而且你记录了下来，这些内容变成了素材。所以，看书输入或者遇事记录就是完成写出 1000 字的过程策略。

再如你今天打算买某只股票，但你看到另一只自选股涨势凶猛，眼看就要涨停板了，就追了进去，结果尾盘大跌。这种"临时变更交易"的做法还是过程策略。

理解了这一点，就可以对过程策略评分了，该评分表示了你对过程策略和成果的满意度。

这项评分的结果有什么作用呢？这就要我们进入下面的步骤三，反思过程。

步骤三：反思过程。

这是特别重要的一个步骤。因为有一种深入人心的说法，就是不在意过程，只注重结果。

但真正有格局的领导者会说：对过程苛求，对结果释怀。

因为单纯苛求结果，仅仅盯着某次可能因为好运才达成的结果往往会带来噩运。比如用 10000 元追涨买了一只股票，结果涨了 5%，赚了 500 元。但容易让人形成路径依赖，就像守株待兔那样，在下一次行动时选择同样的过程策略，比如投入 10 万元追高后却大跌，输得一败涂地。

苛求过程，苛求的是成功的概率。

所以在反思过程策略的过程中，我们要着眼在一个策略的不足，改进方向是什么？

同时，除了不足，我们还要看看哪些亮点是值得保留的，这些亮点可能是一种顿悟，一种灵光一现，又或者他人的经验。

比如你以前有灵感时会打开文档把灵感写下来，但打开软件很慢，等打开了，灵感已经跑了。有一次我听一位知名作家说自己有 4 个微信号，她把自己和自己的另外 3 个微信号拉了一个群，这样每次有灵感的时候，任何一个手机在身边，都可以用语音把灵感迅速发进这个群里。

步骤四：优化行动。

如果说第三步是对过程的思考，那么第四步就是践行思考后的结论。

在第四步总结规律的部分，你有 3 个优化行动计划的方向，它们分别是：

停止行动：比如买股票追涨的行动要坚决停止。

继续行动：比如遇到对自己有触动的事情要记录下来。

开始行动：比如给自己也拉一个群并且置顶，在灵感还在的时候赶紧打开群，发送语音或文字。

别看这四个步骤听起来很复杂，但熟练使用后，每天的自省时刻就会成为像每天睡前、起床刷牙那样的习惯，可能完成一天的复盘都花费不了 5 分钟，并且定好明天的目标任务。

在四个过程里我没提到过拖延，为什么？因为在整个复盘的过程中，拖延症这个懒惰小人都活不过第一集，它如果出现，在第一步就会被发现，然后被你有针对性地干掉。

📝 |小 结|

1.复盘的好处是帮助你沉淀经验、萃取知识、解决问题、提高效率，而且体现了"对过程苛求，对结果释怀"背后的逻辑。

2.复盘的四步法：

步骤一：回顾目标；

步骤二：评估策略；

步骤三：反思过程；

步骤四：优化行动。

第六节　第 6 步：上瘾机制
轻松构建"良好上瘾机制"，不再输给诱惑！

什么是上瘾机制？

怎样改掉坏习惯？

如何构建自律上瘾机制？

有时候你可能会被一件事情吸引，比如手机游戏、短视频，结果发现手边真正重要的工作被搁置，甚至长时间下来，手上积压的未完成事项越来越多，这可怎么办？

什么是"行为上瘾"？

曾经有这样一个思想实验：

假设你的面前有一个按钮，按下这个按钮，你的手机短信就会收到一条信息，告诉你，你的银行账户入账了 100 元，然后你一查账，果真多了 100 元；再按一下，你的账户又入账 100 元。

如果四下无人，你会不会去按第三下、第四下，甚至更多下？

是的，我们每个人的大脑都是一样的，按下这个按钮就入账 100 元，等于奖励你的大脑，让你产生愉悦感，而这种愉悦感则会反过来激励你，让你不停地按。

这就是上瘾的原理。

你会发现，无论是看短视频、玩游戏、浏览朋友圈或者追电视剧，这些行为表面上看起来是我们主动的，但本质上，都是我们这个时代越来越优秀的产品经理或者编剧对你设下的一个又一个局，把你的注意力和时间消耗在这些事情上，然后通过广告的方式赢利或者通过增加使用他们软件的用户数或者时长，在资本市场获利。

你受到"上瘾诱惑"的底层原因是什么？

理解了让你上瘾的原理，那么上瘾起作用的机制到底是什么呢？

简单来讲，上瘾起作用的机制可以被分成三个步骤：触发—行动—大脑奖励。

触发，是上瘾物和你的接触点，比如工作日的午饭，当你产生了饥饿感，触点就形成了，这时你就得放下手上的活儿离开工位去吃饭；又或者有些人的饥饿感产生的不明显，但她的同事会来叫她，那么这也是一个接触点。

行动，相对来说很好理解，你们到了一家饭店门口，进去点菜，然后等点好的菜上桌，接着吃饭。

让人上瘾的最后一个环节是大脑奖励。这个奖励是能让人产生愉悦、兴奋感的事情。假设你们吃完饭，准备结账的时候，老板给了你2个骰子，让你随便扔一下，如果扔到了2个6就免单。结果幸运女神降临，你果真扔出了2个6，今天红烧牛肉面的22元你一分都不用付了，真后悔自己怎么没多加一个茶叶蛋，你还暗暗决定，明天还要再来这个店吃饭。

于是，第二天你们果然又到这个店来吃饭了，而且今天点的菜比昨天还多一点。

显然，触发、行动，这都是非常常规的日常事件，但就是因为大脑受到了奖励，就让你每次接收到类似的触发时，倾向于重复上次的行动，这就是上瘾的机制。

每次你在发朋友圈之后，好友给你点赞、评论也是一种大脑奖励，激励你持续发朋友圈；刷短视频时，每 15 秒就让你看到一个你喜欢看的内容，给了你的大脑一记奖励，激励你去刷新下一个 15 秒。这些大脑奖励，让你行为上瘾，欲罢不能。

构建"自律上瘾机制"，用"上瘾原理"战胜"上瘾诱惑"

现在，你既理解了上瘾原理，又清楚了上瘾机制，那要怎样才能构建一个自律上瘾机制，用上瘾原理来战胜诱惑呢？

根据《习惯的力量》（*The Power of Habit*）作者查尔斯·都希格（Charles Duhigg）的研究，把上瘾行为看作一种习惯的话，你可以用一个好习惯去代替一个坏习惯。

在都希格看来，上瘾诱惑虽然很顽固，但想要改变其实也并不困难，都希格提出了下面这四个步骤：

第一步，确定触发特征。

首先，我们需要搞清楚，通常是什么样的情景容易产生上瘾行为，比如我的一位前同事，明明对自己的体型不满意却依旧对奶茶上瘾，开会之后总想点一杯奶茶。在这里，开会就是我们所说的触发特征。

第二步，厘清何种奖励。

仍旧以会后点奶茶为例。喝奶茶能给她带来什么奖励呢？因为在会上头脑风暴，消耗掉了大量脑细胞；而且有时领导对结果不满意还会追问。所以每次会后，她都有一种"身体被掏空"的感觉，想喝一点甜的，找回幸福感。所以，吃甜食找回幸福感，正是会后点奶茶给她的大脑的奖励。

第三步，寻找相同刺激。

既然大脑想要的是这种能带来幸福感的奖励，那么这种奖励有没有其他替代方式呢？

为了找到替代方案，这位前同事发现，会后吃一个冰激凌、吃一根台式香肠或者喝一瓶无糖可乐，也会产生相同的幸福感。而在这三种能提供相同刺激的替代方案中，唯有喝一瓶无糖可乐不会摄入额外的卡路里。因此，无糖可乐就是一个好的选择。

第四步，"相反习惯治疗"，也叫新老习惯更替。

既然无糖可乐同样可以产生类似的大脑奖励，那么新的行为就能替代之前摄入过多卡路里的有害上瘾习惯。

这种用新习惯替代老习惯的方法，都希格把它称为"相反习惯治疗"。

在使用"相反习惯治疗"的几个月后，由于减少了卡路里的摄入，这位前同事体重和体型都得到了改善，喝奶茶的习惯也已经被喝无糖可乐的新习惯替代了，有害上瘾行为就被彻底疗愈了。

用新习惯替换老习惯

再举个实际的例子，比如你的目标是把刷短视频上瘾替换掉，找一个对我们自身发展更有利的事情去代替它，可以怎么做呢？

第一步，确定触发特征。 记录我们每次刷短视频都是在什么场景下，有什么感觉？有些人会在睡前或是觉得无聊时刷短视频；有些人在地铁通勤中靠刷短视频来打发时间。

第二步，厘清何种奖励。 这一步要搞清楚行为背后的根源是什么，比如有些人看短视频满足的是审美需求；有些人则为了节省时间，被 10 分钟看完一部电影之类的内容吸引。

第三步，寻找相同刺激。 由于每个人的情况都不太一样，所以需要用不同的方式测试。比如为了节省时间的人可以选择在地铁上听完一本 20~30 分钟的缩书精华，也能获得同样的大脑奖励。

第四步，新老习惯更替。把对你人生发展有好处的行动记录下来，去代替老的行为。比如睡前看一会儿别人的健身照片；通勤时间听一本书，养成今天比昨天更博学一点的习惯。当新老习惯完成交替的时候，你的良好上瘾机制就构建完成啦！

📄 小结

> 1. 上瘾的机制：触发—行动—大脑奖励。
>
> 2. 当你的时间精力被大量娱乐化内容占据，可以通过"相反习惯治疗"四步法：
>
> 第一步，确定触发特征；
>
> 第二步，厘清何种奖励；
>
> 第三步，寻找相同刺激；
>
> 第四步，新老习惯更替。
>
> 来一步步构建你自己的"良好上瘾机制"。

第七节　第7步：OKR法
巧用关键结果，带给你迅速完成计划的动力

什么是目标与关键结果法？

为什么目标不宜定得太多？

怎样通过3个步骤来践行目标与关键结果法，推进年度目标？

学会如何使用阶段性的关键结果，可以驱动自己一步步完成小目标最终实现大目标。

目标与关键结果法

《浪潮之巅》《文明之光》《智能时代》《格局》《态度》等多本畅销书的作者吴军是原腾讯副总裁、计算机科学家、

硅谷投资人。我以前一直很好奇他是如何在工作如此繁忙的情况下还能腾时间写 10 来本畅销书，而且还能每年完成一次诸如欧洲游的远途旅行计划，还学习了 Lightroom 等图形后期软件，练习摄影技巧，并很好地完成了家中事务。

直到我读了他的《见识》这本书，发现使用目标与关键结果法，也就是 OKR，可以让一个人自然而然地自律起来，还能取得令人侧目的成果。

什么是目标与关键结果法？

目标与关键结果法，又称 OKR，其全称是 Objectives and Key Results，这是由英特尔创始人安迪·格鲁夫（Andrew Grove）发明，并由约翰·杜尔（John Doerr）带入谷歌公司，后来在脸谱网，领英发扬光大，并且在 2015 年后又传入百度、华为、字节跳动公司等国内知名企业的高效方法。

在企业中，OKR 给管理层和员工都带来了效能的跃迁式提升，而今天我主要想和你说的是它怎样运用在我们个人身上，让这套来自硅谷的高效能方法为你所用，实现肉眼可见的进步。

不同于 KPI，或者简单的目标管理，这些追求结果的方法，OKR 更重视过程中你是否达成了阶段性成果，因为阶段性成果的达成能让人获得大脑奖励，而我们在第 6 步里说过，大脑奖励是激励你投入下一次行动的关键要素。

假设现在是新年伊始，我们给自己制订年度计划的时候，可以比较下面两种设定目标的方式给人带来的不同驱动力。

第一种方式

目标：参加明年元旦的新年音乐会并演奏《克罗地亚狂想曲》；

路径 1：每周上一次钢琴课，每天练一会儿钢琴；

路径 2：每周上一次钢琴课，每天练一会儿钢琴；

路径 3：每周上一次钢琴课，还是每天练一会儿钢琴；

路径 4：每周上一次钢琴课，依旧是每天练一会儿钢琴。

第二种方式

目标：参加明年元旦的新年音乐会并演奏《克罗地亚狂想曲》；

关键结果 1：每周上一次钢琴课，每天练 30 分钟钢琴；

关键结果 2：学会演奏稍微简单一些的《贝加尔湖畔》；

关键结果 3：学会稍稍复杂一点的《菊次郎的夏天》；

关键结果 4：进行一次公开演奏。

你看，第一种方式就是只盯着结果，理论上这种方式的确可以帮你实现最终的结果，但过程中只有机械性地重复练习，没有阶段性的关键结果，大脑也得不到奖励，因此就很不容易坚持，时间一长就会拖延。而且拖延了一次，就会有下一次。这样下去，新年音乐会演奏《克罗地亚狂想曲》就会变成空想。

而第二种方式中则有许多阶段性成果，成果能让人有成就感，获得实质性的大脑奖励，产生动力，而且有自信去面对下一个挑战。

正所谓"成功是成功之母"，唯有积小胜，方能获大胜。

三个步骤践行 OKR

你可能会说，既然这个效率工具那么好用，那么具体怎么做呢？一个良好的 OKR 设定主要分为三个步骤。

第一步，设定目标（Objectives）。

这一步相对来说比较简单。就好比我们每年新年都会给下一年制定年度目标。但是请注意，为了让你的年度目标能被有效达成，一般不要定超过 3 个目标。因为定下太多根本不可能达成，就更不用说你的关键结果和支撑关键结果需要付出的行动了。

比如你可以制定：

目标①，今年考研成功；

目标②，今年开启斜杠生涯，成为一名心理学知识博主。

第二步，设定关键结果（Key Results）。

一般一个目标中有 3~4 个关键结果去支撑它。这里，关键结果设置要注意以下 3 点：

（1）关键结果不要太少，否则这个结果就变成了关键目标；关键结果也不用太多，否则会太发散而导致行动跟不上。所以 3~4 个 KR 是比较合适的。

（2）另外，既然是 KR，是关键结果，就需要用量化的方式去衡量它。

（3）在定 KR 量化指标的时候，不要定太容易实现的，一定要定一个自己需要努力一下才能完成的。因为只有在有挑战、有压力的目标下行动，获得的关键结果才能产生大脑奖励；但同时也注意别定得太脱离实际，否则关键结果不容易实现，人也会失去行动动力。

具体应该怎么做呢，我们还是针对上面 2 个关键目标，加上关键结果 KR 来举例，这两个目标的关键结果可以这样规划：

目标①，今年考研成功；

关键结果 KR1：报名参加一个考研辅导班；

关键结果 KR2：在考研辅导班中保持每月 90% 的出勤率；

关键结果 KR3：在辅导班的模拟考中保持前 20% 的成绩。

目标②，今年开启斜杠生涯，成为一名心理学知识博主；

关键结果 KR1：开设并运营一个短视频账号，目标粉丝人数为 1 万；

关键结果 KR2：每周末集中学习一个心理学话题，并拍摄剪辑视频上传；

关键结果 KR3：与心理学相关博主构建联系，或吸引心理学相关博主合作，实现年度 1 万元斜杠收入。

第三步，每周滚动。

每周滚动是什么意思呢？就是以一周为单位，每周一早上或者每周日结束前，制订详细的落地计划，也就是列出需要你具体做的事情，再去执行；

到了周五就可以就本周的执行情况自行检验，是变得更有信心了，还是有些沮丧，或是失去信心了，并结合复盘的方法，为下一周的计划做好准备，这样循环往复地执行你的 OKR 计划。

为什么要特别关注自信心呢？这个其实是 KR 关键结果法的核心，随着你每个阶段性结果完成度提高，你的自信心就越来越强，大脑就得到了奖励，刺激你下一次行动，这样的正向循环可以帮你克服拖延问题。

比如关于考研的 KR，匹配前两个 KR 的行动就比较简单，保持出勤就可以了，而最后一个保持前 20% 则需要多做真题卷练习；

而第二个目标的涨粉 KR 需要匹配研究同类大号的打法；学习 KR 可以固定时间做固定学习输入输出；联系 KR 则需要做好很多细节，比如成品内容的多平台分发，在一些官方群里留意博主老师并设法与之对接等。

临近周末，则要检验一周行动的完成情况，然后问自己，经过本周的行动，KR 完成的自信程度有没有因为事情进展顺利而提高或者下降。

此时再结合我们前文中复盘部分的内容，你就知道哪些行动可以保留下来，哪些行动低效，需要迭代了。

个人 OKR 示例

为了给你一个更直观的体感，我来做一个演示，给你展示一下我自己某一年的 OKR 计划。

（1）成为具有影响力的行为设计教练

KR1：每周输出 2 篇 3000 字篇幅行为设计心理学文章，让更多人理解行为设计心理学（完成度 0.7）。

KR2：每月整理文章，把文章中的知识点组合成能让他人迅速学习并应用的知识结晶（完成度 0.8）。

KR2：出版一本著作（完成度1.0）。

（2）不断提升自身专业能力建设

KR1：浏览全球行为设计心理学相关图书（每月1~2本）（完成度0.6）。

KR2：每月探索行为设计心理学在谈判说服、亲子教育、个人发展领域的应用并整理成知识结晶（完成度0.6）。

KR3：完成2~3个行为设计心理学在谈判说服、亲子育儿和拖延症方面的书籍选题。

特别需要说明的是，由于你给自己定的关键结果是必须努力够一够才能达成的，也就意味着关键结果你不需要完全达成，正所谓"法乎其上得乎其中，法乎其中得乎其下"。我们发了一个上愿，得到中等的结果就满足了，当然如果幸运地得到了超出期待的结果，那么我们心存感恩就可以了。

📝 小结

目标与关键结果法OKR这个来自硅谷的目标追踪方法，它总共分为3步：

第一步，设定目标O。注意，别超过3个。

第二步，设定关键结果KR。KR是O的支撑，在数量上同样 3~4 个就够了；同时还需要注意你的初始自信度，有 5 成把握实现是最合适的。

第三步，每周滚动。周一制订详细的落定行动，周五检验行动过后的自信度，并结合复盘，为下一周的计划做好准备。

第八节　第8步：解题步骤
4步法一次把事情做到位，不再因"畏难"拖延

为什么解题方法是一种需要掌握的核心能力？

什么是解题思维WOOP四步法？

怎样使用WOOP四步法？

在本节你将学会使用一种思维心理学，一次把事情做到位，不再因"畏难"拖延。

解题

如果你看过豆瓣评分高达9.3分的韩国职场剧《棒球大联盟》，就一定会对剧中的一个场景记忆犹新：

男主接手排名垫底的棒球队，并决心要让团队夺冠，但

他做的第一件事情居然是要把队伍里的明星球员卖掉，这个行动招致了所有人的不解和不满。现场会议时，男主预料到了大家的反应，于是通过 3 个事实反转了团队所有人的看法，他是怎么做到的呢？

第一，目前球队最大的短板不是负责进攻的击球手，而是负责防御的投手，卖掉这位球员可以从其他球队置换来另一位明星投手；

第二，这位明星球员个人能力很强，但性格不好，把团队氛围搞得乌烟瘴气，送走他有利于提升团队氛围；

第三，从历史数据来看，该球员秋季表现惊人，但其他季节表现相对一般，而今年秋季已经过去了。

说完这番话，所有人都不再反对了，这个看似很艰难的沟通大会就这样顺利进行下去了。

而男主在这场沟通大会中所使用的能力正是我们今天要讲的一种核心能力：解题。

解题，顾名思义，就是把一个困难题目解开的过程。

但解题通常面对的是一件略显复杂的困境，它并不容易，尤其是当你没有章法胡乱出招，就更得不到好结果。

在真实世界中，人们会畏惧困境，很多人也就缺乏解题的勇气，在面对某个难题时，会产生畏难情绪，继而要么拖延，陷入行动困境；要么就是走老路，无法改变。

比如一些同学工作不顺心，同时看到短视频是个风口，尝试发了几个短视频，发现没多少播放量，然后就没有然后了。

又比方说有些人一直说要减肥，但每次周围人邀请喝奶茶、吃甜品，就又控制不住自己了。类似的还有戒烟、戒酒、保持运动等。

好了，说到这里，你一定很想知道，到底该怎么办呢？

WOOP 思维

这个解决方案的名字叫作 WOOP 思维，它一共分为四步：

第一步 W： W 是 wish，也就是你的愿望，这个愿望要在一定的时限内达成，比如你想今晚就把学习到的东西践行起来，学以致用；

第二步 O： 这个 O 是 Outcome，是你的现状，比如你听了那么多道理但仍旧行动不起来；

第三步 O： 第二个 O 是 Obstacle，是障碍，是你践行的路上的什么东西阻碍了你；

第四步 P： 是计划，Plan，是你详细思考了这个问题后，你找到的解法，就算阻碍出现在你眼前，你也可以按照计划，三下五除二，分分钟解决这个阻碍。

这样说有些抽象，我们依然用《棒球大联盟》里的这个案例来帮助你理解。

第一步愿望 W：《棒球大联盟》的主角希望能把垫底的球队训练成夺冠队伍；

第二步现状 O：目前队伍里，只有一个明星击打球员可圈可点，所以在愿望和现状之间有着巨大的鸿沟。

第三步障碍 O：这个鸿沟促使主角去分析球队的历史数据，这次分析让他找到球队变强的障碍：缺失优秀投球手；

第四步计划 P：因此他需要启动一个引进优秀投球手的计划，这个计划包括将明星击球手卖出去置换一个明星投手。一旦找到优秀投球手，团队的水平就能提升。

好了，到这里为止第一轮 WOOP 循环结束，紧接着就是第二轮 WOOP 循环。

第一步愿望 W：说服团队成员同意自己卖出明星击球手；

第二步现状 O：现状当然是团队成员不同意。你可能会问不能硬来吗？硬来不是不可以，但如果团队不能理解主帅的策略，上下不统一，怎么发挥出所有人的主观能动性，让力气往一处使，从而夺冠呢？

第三步障碍 O：需要找到说服团队同意卖出明星击球手

的理由，于是主角不得不去充分分析历史数据和球员历史。

第四步计划 P：找到前面我们说的三个事实，在团队大会上，一旦有人提出反对，就立刻讲出这三大事实，说服所有人。

这里请特别注意，在第四步 P 的部分，一旦……就立刻……是 WOOP 思维的精髓，这是一次把事情做到位，不再因畏难情绪拖延的关键。

一旦……立刻就

为了让你了解"一旦……立刻就"策略，我再给你举 2 个更简单的例子。

第 1 个例子是关于戒烟、减肥的，我觉得这个案例很具有代表性，而且也很容易被运用在其他地方。就让我们一起使用 WOOP 流程来实操一遍。

第一步，W 希望：你希望成功戒烟或者减肥；

第二步，O 现状：你戒烟或减肥总是失败，因为戒烟、减肥期间，有人递上来一支烟或邀请喝奶茶，你一开始会拒绝，但总是别人进一步怂恿，就又没忍住抽上一支或者喝了一杯。

第三步，O 障碍：这种场景中似乎总存在着一个两难选择，一面是自己的目标和希望，另一面则是和周围人的人际关系，两者必须要选其一，现实让你总是屈从于人际压力。那么怎样才能突破人际压力的障碍呢？

第四步，P 计划：每次说"我正在戒烟"或者"我正在减肥"时，别人就会来怂恿说偶尔抽一下或者偶尔喝一杯没关系的。但说的是"我不抽烟"或者"我不喝奶茶"，就没人来怂恿你了。所以，你决定下次一旦有人递烟、邀请喝奶茶，你立刻就说：我不抽烟或者我不喝奶茶。

这里我要特别说一句，类似场景也属于我们之前反复强调的行动模型中 B=ATM 中的 T，trigger，触发，而且这个 T 还不是一次性的，由于周围有不止一个人，所以 T 总会出现。

通过观察，你发现直接说"我不抽烟"或者"我不喝奶茶"能大大降低 T 出现的频率，这就成了你设法解开这道题目的策略。

第 2 个例子是如何把我们这本书里的自律策略内化成你的本领，让一切不仅仅是看看而已，我们不只要做知识的"观光客"，而是真正的从学会到理解，从理解到践行。那么下面这个根据 WOOP 思维而形成的行动策略就可能会很有效。

第一步，W 希望：将自律策略内化成自己的本领，从此不再拖延，或者至少少犯拖延；

第二步，O 现状：每天看看相关内容而已，并没有去践行，又或者听着听着后来就不听了；

第三步，O 障碍：总是忘记听或者践行，等到想起来的时候，情况也并不合适了；

第四步，P 计划：每天定个小闹钟，定在自己时间比较方便的时候，比如每天中午 12 点 30 分吃完午饭时，一旦闹钟响起，就立刻打开电子书，阅读一会儿，并把其中说到的策略变成自己的行动。

优秀是一种习惯，但养成习惯的路上会遇到困难。WOOP 思维就能帮助你事先准备好应对策略。一旦遇到困难，就立刻抛出准备好的策略去对付它，让你不再因为畏难情绪而拖延，又因做不到更好的自己而走上老路。

✎ 小结

1. WOOP 思维法是一种解题范式，它能帮助你克服因"困难"而造成的拖延。

2. WOOP 思维实施起来一共分为四步：

第一步，W 希望，把你希望达到的境地想清楚、想明白；

第二步，O 现状，把你目前的情况分析透彻，找到希望和现状之间的差距；

第三步，O 障碍，找到从现状到达实现希望的路上到底存在什么障碍；

第四步，P 计划，根据障碍提前设计好策略，一旦障碍出现，立刻就使出策略，一次把事情做到位。

第九节　第9步：复利思维

总做无用功，导致更想拖延？跳出低效勤奋的怪圈

什么是增强飞轮？

增强飞轮对你个人有什么作用？

怎样打造你的增强飞轮来实现复利效应？

本节是我们"法"的阶段最后一步，复利思维，我会让你从没有成就感导致的拖延中挣脱出来，跳出低效勤奋的怪圈。

增强飞轮

不知道你是不是也常有这样一种焦虑，总觉得任何技能或岗位发展到一定的水平必然会进入瓶颈，到时，每天都在重复相同的劳作，总是在玻璃天花板下做无用功。

有一句振聋发聩的话："不要用战术上的勤奋来掩盖战略上的懒惰。"这种"知道自己不行"的感受会带来深深的无力感，让人没有前进的动力。

那么，到底要怎样才能跳出低效勤奋的怪圈呢？这就要用到本节要讲的增强飞轮。什么是增强飞轮？我举个例子便于理解：

你一定听过亚马逊公司吧，假如你在 2001 年 9 月买入了 1 万元亚马逊的股票，放到今天你猜猜会变成多少钱？答案是 450 万元。

亚马逊公司用不到 20 年的时间实现了 450 倍的增长，那么它到底是怎么做到的呢？

亚马逊公司推出的 prime 会员，收费不低，约为 129 美元一年，但所有成了 prime 会员的用户不仅可以在很多刚需消费品，比如柴米油盐这类产品上获得令人心动的折扣价，而且免配送费，甚至亚马逊还给会员提供许多免费的音视频内容。

这些福利一方面让 prime 会员可以很快从产品折扣里赚回之前支付的 129 美元会员费；另一方面，prime 会员获得了好处，所以消费者之间口口相传，会员人数越来越多，而越来越多的用户数给了亚马逊足够的底气去和供应商谈判，又能获得更低的折扣。

这就是一个由"因"增强了"果"，同时"果"又不断增强"因"的增强飞轮。这么说可能有点拗口，但到底什么是增强飞轮，其实很好理解，请你想象一下飞轮的形状，是一圈一圈循环，并且不断滚动向前的。那么增强飞轮同理，其实就是让一个事物的多重关键要素彼此互相影响，从而达到不断增强的效果。

亚马逊公司的增强飞轮主要由 3 个要素组成：

（1）prime 会员可以获得吸引人的折扣和福利，促使 prime 会员人数激增；

（2）人数激增后的 prime 会员让亚马逊获得更强的议价能力，会促使供应商愿意低价给亚马逊供货，提供更多的福利；

（3）这就有了更低的折扣和福利，会促使 prime 会员的吸引力越来越强。

到今天为止，prime 会员的飞轮模式已经为亚马逊聚集了超过 1 亿的全球付费会员，单看会员收入，亚马逊公司每年就能进账 100 亿美元以上。

亚马逊公司身上类似的增强飞轮还有两个，一个叫 Marketplace 平台，另一个则是亚马逊云计算服务（Amazon Web Services，简称 AWS）平台，这是两个具有类似效果的增强飞轮，由于篇幅限制，就不展开叙述了。

正是这 3 个增强飞轮，亚马逊公司才得以在一条长长的斜坡上，把一个一开始很小的雪球越滚越大。亚马逊公司创始人杰夫·贝佐斯（Jeff Bezos）于 2018 年 3 月 6 日登上世界首富的位置。

你看，每一次的增强，虽然可能微乎其微，但它都在让增强飞轮越转越快。这就像那个公式，1.01 的 365 次方为 37.8 倍，而如果按照 1% 的速率增长，相对亚马逊股价 450 倍的增长来看，这个飞轮已经转动了 614 次，即 1.01 的 614 次方约等于 450 倍。

你可能会问，亚马逊的确是挺了不起的，可这家公司远在美国，我连买他在美国上市的股票都困难，和我又有什么关系呢？事实上，亚马逊公司这种多重关键要素彼此增强的方法而产生的复利效果，十分值得我们借鉴。

就拿我自己来给你举例子，对于我来说，我的增长飞轮也有三个关键要素：

（1）写作写出好的内容能扩大影响力，让更多人知道我；

（2）更多人知道我，能让有实力的机构主动找我对接，打磨出更好的作品；

（3）而有实力的机构来找我对接，打磨更好作品的过程本身，我能进一步提升能力，写出更好的作品。

同样地，虽然每一次的增强都微乎其微，甚至都不到

1%，但就这么一轮一轮地转动，这个增强飞轮也一定会越飞越快，在 10 年、20 年的时间中呈现复利式的指数增长。

怎样打造你的增强飞轮来实现复利效应

好了，说完了亚马逊公司，我们再来谈谈你。

你看，在第二章的八节内容里，你学习了八个提升自我的步骤。

如果你已经依据这些内容进行了思考和实践，通过前面这八个步骤的修炼，你应该已经在完成"人生使命"的路上了，甚至可能已经打磨出了一些成果，那么，从本节起，你就可以开始设法构建自己的增长飞轮了。

具体要怎么做呢？分为三步。

第一步，启动飞轮，增强自我效能。

如何启动呢？你可以实践一遍第一步到第八步的内容，完成一件件你以前觉得自己不可能做到的事情。

比如我曾有一位同事迈克，大学刚毕业时一直没有找到工作，非常焦虑，后来通过亲戚的人脉，进入了我所在的传统制造业公司，成为一名生产工程师。

生产工程师通常要面对几十名生产工人，由于不擅长与人打交道，他非常不喜欢自己的工作。在我的建议下，他梳理自己的想法，找到了自己的人生使命：也就是用编程为身边人创造价值。至此，迈克已经完成了第一步，找到自己的人生使命。

于是，迈克开始了第二步，SAFFF 循环，他先用最简单的 Excel 宏命令和 SQL 语言，为生产线上的工人们编程了一个实用的报表，这张报表可以实现每 15 分钟自动刷新，获取机器设备状态信息，免去了工人们要开多张报表来回查看的麻烦。而且经过多次迭代，成了全厂工人每天必用的报表。

为了给自己动力，他用第三步的方式，公开承诺利用业余时间在 3 个月内完成一份生产计划跟进系统，这让他在制作系统的过程中编程水平大涨。而且意料之外又在情理之中的是，计算机集成制造（Computer Integrated Manufacturing, CIM）的老大看到这个略显粗糙但十分落地的系统后，和他的直接上司要走了这个人才，他从一个生产工程师转岗成为一名 CIM 工程师。

上任 CIM 岗位后，不仅面对的问题更复杂，来自各部门的产品需求也让迈克感觉压力很大，这个时候，第四步控制就变得格外管用。因为只有通过慢思考，把需求梳理清楚了，把复杂的行动步骤一步步写下来，列清单、做梳理、排时间，才能每件事情都与业务部门对齐，自己也能在此过程中有节奏地成长。

具体的细节实践虽然折腾，但迈克利用第五步复盘中"回顾目标，评估策略，反思过程，优化行动"的范式，在他的云笔记中记了超过 900 条思考和感悟，并把这些反思运用在后面的工作中，让他所负责的项目保持着 5% 以下的差错率。

由于真正用编程技术为工厂的工人、工程师、经理、总监们创造了价值，节省了沟通成本，更直观地反馈关键数据，迈克经常获得月度、季度之星的奖项，这些物质上的鼓励和精神上的成就感让他进入了第六步的阶段中"触发—行动—大脑奖励"的循环，让一个个实用的小产品从他的手上不断地被编写出来供各业务部门使用。

同时，迈克还在进行他的斜杠计划，所以像第七步中所说的那样，有一年，他给自己定下了在本年内开发完成一个失物招领公众号的目标，具体的过程设定我就不赘述了。

现在，这个带有一定产品属性的公众号已经上线了，到目前为止已经有上万人使用他公众号的服务。当然，在此过程中也存在诸多障碍，但这些障碍也被迈克使用第八步的方法解决着，他用 WOOP 思维，每周推进着这个工作之外的小项目，周拱一卒。

希望他可以帮助更多的人，让他们都能找回自己不小心遗失的物品。

你看，迈克从一个不喜欢本职工作的职场小白，到后来一点点积累小成就，再到成功转岗，又到后来开启了自己的副业项目，这种一步步获得成功的感觉在心理学上被称为"自我效能"，心理学家阿尔伯特·班杜拉（Albert Bandura）把它定义为：人们对自身完成某项行为的能力的自信程度。

当你也能在认清人生使命后走一遍这个过程，拥有自我效能，你也就迈出了启动飞轮的第一步。

第二步，持续行动，并等待反馈。

迈克能走出这条路，离不开在一个个编程项目中的实践经验，且在过程中不断地获得领导、同事和用户的积极反馈。

我再拿自己举个例子，一开始我写作时并不知道会受到出版社邀请，出书立著。但正是因为不断地写，在阅读量上获得反馈，也在朋友们的评论中收到反馈，这些鼓励与反馈让我获得大脑奖励，给我动力，保持输出。

直到有一天，有人加我微信，说要出版我写的书。一开始我还以为是骗子，直到对方寄来了著作协议，我才明白这是一次真实的合作。之后我们开始研讨大纲、打磨稿件、修改内容，很快就定了稿，并进入印刷与交付市场的流程。

我还清楚地记得我的第一本书在当当网、京东网上架的时候，我在地铁车厢里截图并发了一条朋友圈，超过 100 个亲朋好友给我点赞，那个瞬间，我感觉自己十分幸福。

再到后来，我的第二本、第三本、第四本、第五本、第六本书陆续出版，其中销量较好的破 10 万册，也有书在当当网管理新书榜斩获第一。

再然后，就又有了今天和你对话的这本书。

第三步，用反馈的力量，为行动注入动力，形成不断创造复利价值的增强飞轮。

不论是亚马逊平台以更物廉价美的商品获得更多的用户、用更多的用户掌控更强的议价能力以获得更有竞争力的折扣；还是迈克在获得积极反馈后不断迭代产品获得更强的产品技术能力；又或者我自己，用写作的内容能力获得更大影响力，用更强影响力获得更多合作机会，在合作机会中精进内容。

如果你也走了这一步，你的飞轮也会慢慢开始转动起来，就像我们前面反复强调的行动原理模型：B=ATM，A 是能力，你的能力在慢慢积累；T 是触发，每天一到固定时间就是一次触发；然后是 M，动机、动力。正是有无数人对你的行动进行反馈，你也拥有无穷动力，这份动力将会充满你整个胸膛，让你在你的人生使命和增强飞轮上保持前进。

是的，你的飞轮马上就要开始启动了！你的复利也正在开始累积！

📝 |小结|

> 1. 你认识了增强飞轮，知道应该构建一个能让因不断增强果，果又能层层累积，最后倒过来增强因的正向循环飞轮。
>
> 2. 为了构建起这个飞轮，你需要分三步走：
>
> 第一步，你可以将前面八个步骤的内容去走一遍，完成一件你以前觉得自己不可能做到的事情，去启动你的自我效能；
>
> 第二步，持续行动，并等待反馈；
>
> 第三步，用不断反馈的力量，为行动注入无穷的动力。

第三章

器：自律上瘾的工具

第一节 "平行时空"
怎样做才能把一天的时间变成 27 小时？

> 从本节开始，我会用 5 节的篇幅，来帮助你解决
> 效率问题。
> 为什么一天明明只有 24 小时，有些人却能活得
> 像有 27 小时？
> 什么类型的软件分别适合路上、车上、床上使用？

下面我们就正式进入内容：让你一天的时间变成 27 小时的 3 类"工具"。

你可能会觉得很奇怪，每个人的一天不都只有 24 小时吗，怎么变成 27 小时呢？

这个是因为我们一天 24 小时中有许多碎片时间，这些时间如果不利用起来就白白流走了。而在这些碎片时间里，存在所谓的"三上"，也就是"路上、车上、床上"的时间，这些时间累积在一起，大约 3 小时。而我们可以通过 3 类工具，把这些时间有效地利用起来。

怎么利用呢？

电子书

第一，是电子书，它适合在路上用。

如果你生活在中大型城市，可能会高频乘坐地铁，地铁的行驶很平稳，而且通勤的时间又比较长，所以非常适合成为你知识输入的场所。

以前我会在包里背一本实体书，但实体书实在是又大又笨重，而现在手机端的电子书则是在路上很好的陪伴，提升我们时间使用的效率。

电子书有许多不同的类型，我自己通常比较看重几种功能。

首先是可以看到你的朋友在读什么书的互动功能。

我们知道行为原理模型 B=ATM，看到朋友在读什么书就是 T，触发，它能让你对某位朋友正在阅读的一本书产生兴趣，然后也开始去阅读它。

第二，是全文检索的功能，这意味着只要你输入关键词，就能在许多本书的内容里——请注意，不是标题，而是内容里，找到相关的上下文。这对于了解某个陌生的概念非常有帮助。

比如我想查询"认知模型"，你只要在搜索框里查询检索，微信读书就能把任何内容里带有"认知模型"的书推送给你，点进去后，马上就能看到这个关键词的上下文。这意味着，你可以把整个电子书应用当作你的图书馆来使用。

第三，是互动功能。在电子书中能看到自己本周的阅读时长排名，好友还可以来给你点赞，让你收获知识的同时，还能收获来自亲朋好友对于你努力阅读的赞许，让你的大脑分泌多巴胺，激励你去阅读更多的电子书。

有的电子书又不像其他软件一样，在没有购买电子书时只能阅读开头的10%，而是可以阅读这本书里任意部分的10%，这对你评判一本书值不值得你购买很有帮助。

音频、播客

音频、播客也适合在路上听，但比起电子书，更可以在开车等不方便分心的时候使用。

因为音频是一种伴随性的媒体，开车的时候或者坐在摇摇晃晃的地面交通车厢里的时候，音频可以解放你的双手和眼睛，让你在车里的时间也变成学习时间。在"车上"这个场景中，我向你推荐3类音频软件。

一类软件是综合类音频软件，内容包罗万象，想听什么都有。我自己最常听一些历史故事、商业财经类的内容和有声书。还可以在这类应用上找一些国学大师讲解的著名的历史人物故事，可以开阔视野，增加社交货币。

商业财经类的内容则能帮你把握当前的经济动态，会为你介绍哪些行业值得你去投资，这个世界当下的格局正在发生什么样的变化，会对你产生什么样的影响。

而有声书则是我自己非常喜欢的部分，因为电子书主播会只字不落并且抑扬顿挫、感情丰富地把一本书念给你听，感觉像有一个小书童在你左右为你提供知识服务。

另一类软件是一些用音频解读图书内容的平台，也是我经常使用的一类软件，它可以帮你养成阅读习惯。这种平台会用有温度的表达方式帮你解读市面上的新书，有时还会有一种以这本书为主题和朋友聊天的感觉。主持人往往也会在讲解新书的时候加入一些以往读过的书的内容，帮助你融会贯通地理解。

有时，这类平台还有积分商城，你可以通过登录签到、分享海报、邀请朋友等方式获得积分，从动力机制上激励你去分享学习到的内容，帮助你进一步巩固你在音频里听到的知识。

通过这种方式大概了解一本书后，就可以选择你想进一步详细了解的书，而那些听起来相对印象不深的就可以忽略了，这也能为你节省大量挑书或者看完才知道不值得看这本书的时间。

这样的读书节目一集为 45~60 分钟，我自己通常会在上下班的路途中听完一本，然后去买特别感兴趣的那本，熟读并内化。

最后一类软件是较为小众，适合知识分子或文化爱好者的乐园。

举个例子，如有人称"道长"的梁文道策划的一款软件，其中的主讲嘉宾则包含陈丹青、窦文涛、许子东等文化界名人。

梁文道有一句原话："每天用多长时间帮你读完一本书，省下你的读书时间，只给你干货，坦白讲，这些都是我完全不能接受的事情。事实上，没有东西是多余的，一本书如果只有干货，读者根本消化不了，你也没办法了解所谓干货在整本书中的分量。"所以，这类应用很适合想要深入了解"知识背后知识"的用户，其中也有解读西方美术史或是介绍文艺复兴历史的节目，可以让你在厨房做饭的同时，享受烹饪美食和摄入知识的双重精神愉悦。

演讲视频软件

第三类演讲视频，我认为适合睡前看。

每天睡前，我在床上花上 15~20 分钟时间看段演讲。

看一些精英人士的演讲，尤其来自世界各地精英人士的演讲不仅能在每天睡前扩大自己的知识边疆，最重要的是可以让你带着一定的获得感结束这一天。

我最常听的有 TED、可汗学院以及其他诸多脍炙人口的演讲内容。

TED 演讲包括自我成长、领导力、心理学、科技、艺术设计、探索自然、健康医学等类型，如果你想在某一领域持续深耕，那么可以选择一个领域深度学习；如果你还没有明确自己的未来发展方向，可以先广泛关注，日积月累地摄取知识也会让自己越来越博学。

比如我自己最喜欢的是其中的心理学和艺术设计这两个分类，前者经常能给我一些前沿心理领域的洞察，而后者则有更多全球化的内容，比如"一头猪的全球化旅程""世界上正在消失部落的美丽肖像"等，总能让我看到突破原本认知边界以外的世界。

而且 TED 演讲有一个特点，时长基本都在 18 分钟左右，这个时长既不会让人觉得过于冗长，注意力无法集中；同时也不会因为太短而造成一些内容说不清楚。

可汗学院公开课主要由一些微课组成，它的内容相对系统性和结构化，虽然里面微课设置有一点偏学术，比如统计学、艺术史、逻辑推理，但由于你现在已经没有了升学考试的压力，纯粹以兴趣的视角学习这些对你来说"无用的学术"，花费 10 分钟左右的时间，让自己拥有一个"有趣的灵魂"也是把自己变得更好的一种选择。

你看，睡前看一段演讲视频，是不是这一天的结尾也很有意义了呢？

📝 | 小 结 |

1. 每个人都可以选择充分利用自己的碎片时间。在乘坐公共交通工具时、在开车时、躺在床上时，你可以通过我推荐的电子书、音频、播客类软件、演讲视频软件来有针对性地在某一方面提升自己。

2. 10000 小时刻意练习，可以让一个人成为世界级的匠人；而 100 小时某一垂直领域的学习，无论是读书、听历史故事、商业财经，还是 TED、可汗学院，都能让你在某个领域的知识积累超越 90% 的身边人。

3. 你可能现在赚不了大钱，但是你一定要让自己越来越值钱；你可以现在不博学有趣，但是你一定要让自己越来越博学有趣。让这些成为你的习惯，让自己高效利用时间，成为越来越值钱、越来越博学有趣的人。

✅ 第二节　提醒利器

三种工具提醒你自律，让你想"拖"都难

> 为什么你需要调用闹钟工具？
>
> 践行 TDL 的三部曲是什么？
>
> 为什么用沙漏配合番茄钟效果更好？

本节，我再向你推荐三种提醒你自律的工具。

闹钟

第一种工具是闹钟。

我们在本节中一直强调一个公式：B=ATM，也就是一个行为，由能力和触发、动机三个要素组成。而闹钟主要扮演的就是触发的角色。

你可以问一下自己，有多少重要但不紧急的事情，本来明明安排好在周末去做，但由于忘记，结果并没有做。

所以，如果还没有养成在固定时间做某件特定事情的习惯，你可以先在一周内的任何时间给自己设一个闹钟。举个例子，比如我在地铁上看电子书，发现一个案例和我研究的行为设计学的内容非常契合，想要做更深层次的探索，然后我会想到今晚九点半到家后有半小时的空隙，可以做这件事情，于是我就会在手机上设定一个晚上九点半会响的闹钟，提醒自己去做这件事情。

当然，你可能会说，如果每件事情都要调个闹钟，那一天要好多闹钟吗？

是的，所以如果这件事情不需要投入太多的精力，但又不适合现在马上去做，你又怎么才能达成？答案是你可以在微信上给自己发一条关于这件事情的消息，然后长按这条消息，微信会弹出一个对话框，对话框的中间有一个"提醒"按钮，然后系统会让你选择时间，是今天的 1 小时后、2 小时后，还是明天、后天甚至 10 天内的任何一个时间点。

当你做好了这项设置，到了这个时间点，微信的服务功能就会弹出这条消息，让你去做这件事。

另外，如果你认真学习甚至多次复习过我们第一步到第九步的内容，闹钟工具在我们第五步的内容里，也曾有它自己的作用，那就是设定每晚 7 点 50 分为你的复盘自省时刻。

这样的设定能让你前一刻还在通勤的路上听音频，时间一到，闹钟一提醒，就能瞬间进入复盘状态，把今天的得失写下来，还可以记录刚才音频内容给予你的知识养分。

一旦你养成了这种每天固定时间触发—行动—记录反省复盘的习惯，你一定会比这个世界上 90% 的人活得更认真，进步也会比他们更快，更有效率。

TDL 工具

第二种工具是 TDL。

TDL 是 To Do List 的缩写，也就是待办清单，也有人把它戏称为"土豆累死了"，它是一种行动清单。

你可能听过、看过甚至用过 TDL，但真正把它践行到底的人少之又少，或者有些人在工作场景会用，发现它的确很高效，但下班回家就封存起来了。

要想真正用好 TDL，首先你要理解 TDL 能带来的好处。在我看来，TDL 至少有两大好处：

第一，忙而不乱。因为人类的大脑是中央处理器，但很多人却把它用成了硬盘。当一个普通人只有一到三件待办事项的时候，大脑还能记得住。但脑科学的研究显示，如果这个数字一旦超过了三，诸如"恐慌""担心忘记""难以招架"这类情绪就会产生。因为又要让大脑运行，又要让大脑记住要做的事情，这就相当于同时开了两个大型软件让电脑去跑，效率当然会低下。

但如果你使用了TDL，你会很安心地知道自己不会遗忘重要的事情，因为你的TDL会在之后的任何时间提醒你。在这种情况下，自然就能全身心地投入当下正在处理的事项，这样不需要来回切换做事，当然可以忙而不乱，做事高效。

第二，避免焦虑。没有TDL时，很可能遗忘和错过一些事，而人的内心又是追求自洽的，所以当你遗忘或错过重要的事情或者答应别人完成的事情无法交付，你内心就会产生焦虑，它们会侵蚀我们前面说到过的自我效能，会让你对自己的评价降低。

自我评价降低后会发生什么事情呢？是的，你会在自己都意识不到的情况下逐渐变得保守，而保守会让你错过很多机会。但TDL可以让你进入接受任务—完成任务—接受更多挑战—完成更多挑战的增强飞轮；而没有TDL则有可能进入接受任务—忘记任务—任务失败—不敢接受更多挑战—错失机会的负向飞轮。TDL是不是很重要呢？

但具体要怎么做呢？

事实上，要践行 TDL 一点都不难，它是一个收集、排程、执行的三部曲。

第一步，收集。你可以用笔写在本子上，或者使用清单类应用，把所有要做的事情都收集起来。

第二步，排程。根据经典的时间管理方式，把事情按照紧急与否、重要与否两个维度，重要紧急的事情优先，不重要不紧急的推后，排出一个顺序。

第三步，执行。这时候执行起来就可以心无旁骛了，你只要根据你第二步的排程，一步一步去执行这些任务就可以了。

除此之外，TDL 最大的魅力是在每次做完一件事情之后打钩标记完成的那一刹那，你的大脑会获得奖励，就像我们曾经在第六步中说到过的另一个公式：触发—行动—大脑奖励。TDL 可以让你行为上瘾，而且还是一种好的上瘾。

你会发现这种好的上瘾能让你用越来越高效的方式完成事情，让你在"有策略地成为更好自己"的路上一路狂奔。

番茄钟工具

第三种工具是番茄钟。

番茄钟这种工具出自瑞典作家史蒂夫·诺特伯格（Staffan Nöteberg）的著作《番茄工作法图解》（*Pomodoro Technique Illustrated: The Easy Way to Do More in Less Time*）。这种工作法最核心的作用是能帮助你解决注意力无法集中和拖延症两大问题。

番茄工作法的要素是番茄钟，而所谓番茄钟，就是把第二种工具 TDL 中列出的每项工作所需的时间切割成 30 分钟一个时间段的小块，其中前 25 分钟专注地做清单上的任务，后 5 分钟则用来彻底休息。这样一个由 25 分钟的专注时间加 5 分钟休息时间所组成的 30 分钟，就被称为一个番茄钟周期。

番茄钟的方法之所以奏效一共有三个原因：

首先，25 分钟的全情投入符合脑科学，很容易做到全神贯注。

其次，工作时的 25 分钟，我们主要使用左脑；而休息时的 5 分钟，则是右脑相对活跃的时间，这样一张一弛的工作法，不仅科学，而且有效。

最后，当你多次使用番茄钟工作法后，大脑就会逐渐适应这种充满仪式感的方法，并养成习惯。

番茄工作法的具体流程也并不复杂，可以分为五个步骤：

第一步，计划。这一步我们已经通过 TDL 完成了。

第二步，执行。也就是执行 25 分钟加 5 分钟的组合。在工作的 25 分钟里，有两种情况可能会打断你，一种是自发的，比如突然想上厕所，突然想吃点东西，突然想打开手机看看有没有新微信，又或者脑子里冒出一个绝佳的主意想要马上去做。应对这种突如其来想法的对策是做好记录，待会儿再做。

还有一种打断来自外部，比如同事突然找你、电话忽然响了、老板叫你去开会等。除了领导召唤这种你不得不停下手里的事情去应对外，前两种情况，如果事情并非十万火急，你都可以告诉他们一会儿再解决，并且把这件事情也记录下来，然后重新回到工作的 25 分钟里去。

那么 5 分钟的放松时间里你又能做些什么呢？最好的方法是站起来走动走动，或者倒杯水，和不忙的同事聊一聊，条件允许的话做一段冥想就再好不过了。

第三步，记录。记录是一种反馈，你可以记录 25 分钟中你被打断了几次，是什么原因。当然你可以记录完成番茄钟的次数，甚至如果你在执行阶段做得很好，大脑同样会把它当作一种奖励，完成番茄钟的成就感同样也会让你爱上这种工具。

第四步，处理。处理的内容自然是你记录下的信息，无论是答应"一会儿去找他"的同事，或是你25分钟阶段里的"灵光一闪"。不少时候，你可以在那些"灵光一闪"中找到绝妙的点子。

第五步，复盘。整个执行过程到底是不太顺利还是行云流水？你是自己转移注意力后没忍住，又去玩手机去了，还是该记录的时候没记录，遗漏了重要的事情；又或者不懂得如何拒绝同事的召唤，破坏了自己的番茄钟周期？把这些问题回顾一遍，让自己在下一个番茄钟里做得更好。

不过，从我自己使用下来的体感，我发现番茄钟这种工具配合一个沙漏会效果更好。如果你在番茄钟开始时把沙漏整个倒过来，让沙漏开始缓缓漏沙子，这个过程有极强的仪式感。细沙落下的这个画面能时时提醒你，你正处于一个番茄钟里，千万别被其他事情打扰。

沙漏还有另一个作用是提醒别人，因为如果你向你的周围人解释过沙漏在流动表示你处于一个番茄钟里，那么他们既不会来打扰你，同时还能一眼就看到还剩多少沙子在沙漏上方，这样对方也就能立刻知道你大约还有多久会从这个番茄钟里出来。是不是一举两得？

✎ |小结|

我们说了三种工具：

第一种是闹钟，闹钟是为了加强提醒，让你提前预设一个具体的时间点，可以提醒自己在未来的某个时间去做某件重要的事情。

第二种是 TDL，是一个提醒清单，它能辅助你收集、排程、执行，让你的大脑就做好中央处理器一件事情，从而实现高效处理日常或工作事务。

第三种是番茄钟，是 TDL 清单具体的执行场景，如果你和我一样，用沙漏来配合番茄钟，那么它既能提醒自己在番茄钟里的时候别被其他事情打扰；还能提醒别人，别在细沙还在往下漏的时候来打扰自己。当然，特别重要紧急的事情例外。

第三节　高效率设备

4 个实用工具，让你随时随地可高效办公

怎样一年内读完 300 本书？

如何在高铁、飞机上高效办公？

移动办公如何摆脱电量焦虑？

室内办公怎样提高 30% 以上效能？

本节，我们来聊聊 4 个非常实用的效率设备，它们能帮助你随时随地实现高效办公，让你每工作 10 天，就比别人领先 2~3 天。

性能卓越的大屏手机

很多人问我，我是如何做到写书这么高产的？

我的回答是，充分利用每一段时间。比如我每天5点起床，6点不到出门上班。能不开车就尽量不开车。能早出门就尽可能早出门。能乘坐地铁就尽可能乘坐地铁。为什么？

因为自己开车的话双手、双眼都腾不出来做其他事，而且起得特别早的话，早上既不堵车，也不必与陌生人像挤沙丁鱼一样挤地铁。更重要的是，如果你还有一款性能卓越的大屏手机，就能把地铁车厢变成你的移动图书馆。

我可不是在为手机打广告，但你一定要知道，现在手机已经是我们每天最高频使用的设备，既然使用频率这么高，不就该多花点儿钱，给自己买个性能最好的吗？

以前，我也和很多人一样，图手机的性价比，结果要么就是内存小，以至于很多软件卡顿跑不动；要么就是因为储存量低，隔三岔五要清理。这个过程不仅耗费时间，而且还很浪费心理能量。

所以我现在只要是换手机，一定会换性能可以排进前三的大屏手机。

你可能会问，"性能好"的确重要，我理解了，但为什么一定要大屏呢？

我的第一个答案是：通勤路上很适合阅读电子书，一个大屏手机至少能帮助你提高20%的阅读速度。

现在不像以前，每一本实体书都很稀缺，需要你只字不落地阅读，去汲取其中的精华。因为现在书实在是太多了，所以并非每本书都值得你花时间去认真研读，所以我自己会购买一些平台的电子书会员，每次阅读一本目标书，然后利用地铁上的时间来"刷书"。

什么是"刷书"？

"刷书"就是把一本书的内容在我的大屏手机上迅速浏览，然后看到特别感兴趣、别的读者划线评论最多的地方，又或者自己感觉最有价值的地方停留下来，再详细研读。有些句子我还会把它们摘抄出来，保存起来，以备在需要的时候，通过软件内的全文搜索功能，找到原文，配合具体场景做具体使用。

你看，通过"刷书"，每天通勤过程中我都能浏览完1~2本时下流行或在其他场合被高度推荐的书，这就成了我头脑高效充电的关键场景。

那么选择大屏手机的第二个答案又是什么呢？

答案是，因为我要搭配折叠蓝牙便携键盘，组成一个随时随地可以写作的环境。

折叠蓝牙便携键盘

以前我还不了解蓝牙键盘这个高效能设备，每次出差坐在高铁上或者周末陪儿子去上补习班时，又或者参加一个会面，但对方还没到达的时候，我都会用双手捧着手机，用手机屏幕里的虚拟键盘来写作。

但这种形式不但速度慢，而且错误率很高，那怎样提高效率呢？

答案是配备一个折叠蓝牙便携键盘。

一个折叠蓝牙便携键盘打开的长度大概就是一个普通的笔记本电脑，但如果折叠起来，它的长度就比一张一百元钞票还短，所以你可以放在包里。

而一旦当你处于一个相对来说停留时间稍长的场所，并且还能找到一张小桌板（例如高铁或者飞机上那种），那么就可以拿出你的折叠蓝牙便携键盘，配合大屏手机，组成一个移动办公设备。

当然，还可以配一个手机架。

但这样是不是又要在包里多带一个东西了？

我也始终觉得多一件东西就多一件事，多带个手机支架还真挺麻烦的，直到我后来买了一个带充电仓的蓝牙耳机。

带充电仓的蓝牙耳机和无线充电宝

现在不少蓝牙耳机都带充电仓，而且因为工业设计合理，有些充电仓倒置过来就能当手机支架用。

通常，在人声嘈杂的地方，我会戴上降噪蓝牙耳机，点开手机里的冥想应用，播放白噪声，然后把手机架在倒置过来的耳机充电仓上，打开折叠蓝牙便携键盘，开始高效写作。

这里还有一个小技巧。在你用手机写作时，时不时弹出来的微信消息会干扰你，所以可以把手机设置为勿扰模式，这样就能进入沉浸式深度工作，不怕任何外界打扰；而且时间一到，手机会从勿扰模式里自动切换回来，也不用担心之后接不到重要的来电或者信息。当然，如果你实在找不到这个勿扰模式，调整为飞行模式也行，就是使用完要记得调回来。

带充电仓的蓝牙耳机除了可以当支架，主要功能是为蓝牙耳机充电，所以耳机电量用尽后，只要放进充电仓30分钟，就又可以连续使用 2 小时了。

用耳机，再配合我们前面推荐的几个知识类软件，很容易就可以把一天活成 27 小时。

另外介绍我的另一件法宝：无线充电宝。

如果你办公写东西写到一半，发现手机电量低，这会让你很焦虑，影响你的心理状态。

而普通手机的充电口大都设计在手机下方，如果把手机横过来，绝大多数的手机软件在横屏使用时体验都很差。所以，如果手机电量不足，你可以像我一样，把无线充电宝和手机贴合，充电的同时嵌入倒置的蓝牙耳机充电仓，再配上你的折叠式蓝牙键盘。

可以说这套组合能让你更心无旁骛、不带焦虑地高效办公。

外置显示器

除了移动办公的环境，我最后再来和你说说在办公室或者家里，如果也想实现高效办公，有没有什么能进一步提高你的效率的设备呢？答案是添置一台外置显示器。

事实上，无论是笔记本电脑还是台式机都支持多个显示器同时工作。平时我们切换多个窗口要用到 Alt+Tab 组合键，当我们来回切换时，就要用记忆力把前面参考的内容强行记住，然后再切回来撰写。

这样的工作模式显然很低效，不仅因为有时会错切到其他打开的程序里，更让人难以忍受的是，假设你是在同一个表格文件的不同表单中来回查看，甚至快捷键都没有。

所以，为了解决该痛点，不少高效能办公人士早就用 2 个显示器来工作啦。

使用多台显示器来工作最大的好处是，可以一边在另一台显示器上看参考资料，一边在眼前的显示器上做当前任务。有人做过统计，比起单显示器工作者来说，同时使用 2 台显示器的工作者，效率能提高 30% 以上。

小结

四种高效率设备：

1. 性能卓越的大屏手机，它是你目前使用频率最高的设备，买个好的，不吃亏；

2. 折叠蓝牙便携键盘，是移动办公，输入效率提升的利器；

3. 带充电仓的蓝牙耳机，既能保证耳机长时间续航，充电仓还能当作手机架用，两种功能二合一，再配上无线充电宝，是移动办公的法宝；

4. 外置显示器，多个显示器让工作效率提升30%。

第四节 知识管理工具
4 种工具整理知识、提升学习效率

> 怎样才能做到随时随地做记录，随时随地查记录？
>
> 如何用工具建立自己的知识体系？
>
> 怎样快速绘制思维导图？
>
> 如何高效地把图形内容转化为数字化内容？

本节我们再来聊聊 4 种用来做知识管理的工具，当你也能熟练使用这 4 种工具后，你就有了一个属于自己的知识宝库，随时可以调用这些知识。

多平台互通笔记应用

第一种工具是可以多平台互通的笔记应用。这类应用是打通电脑端和移动端信息的工具，最重要的作用就是随时随

地都可以记录，你在路上想到了一个主意，或是在地铁上看电子书时发现了金句、观点或者有趣案例，都能迅速打开笔记记录下来。而且可以用云同步功能将其同步在电脑端。

作为这类笔记的资深用户，它给我带来的益处很多。比如我通常会专门开一条记录，并把标题命名为"金句"，可以把我在读书时偶尔获得的内容收藏起来，并时常拿出来看看，看哪些可以用在工作中，或者作为我文章的结尾。

比如我在写励志文章时，我会引用《瓦尔登湖》（*The Walden, or Life in the Woods*）里的金句：当你实现你的梦想的时候，关键并不是你得到了什么，而是在追求的过程中，你变成了什么样的人。

我在起文章标题时，可能会用"为什么有人高开低走，有人笑到最后"这句话。

又或者一些商业网站找我约稿时，我会用上这句："产品滞销时流的泪，都是产品企划时脑袋进的水。"

这样，你就有了一座自己的素材库。无论是写作还是工作中做幻灯片，又或者其他任何需要使用素材的场景，都能立刻拿出手机打开这种笔记应用，翻阅、查找、搜索关键词，当你不停将这些过去的知识内容拿出来反复查看时，没准就会灵光一现，素材带来的创意会突然跃出屏幕，成为你一个作品里的点睛之笔。

此外，现在很多发表文章的平台也都和这类笔记应用打通了接口，所以如果你在朋友圈看到一篇很有启发的文章，也可以把它加入笔记收藏中。

你可以试一下类似的应用，看哪个更符合你的使用习惯。

协同文档应用

协同文档应用有以下几个特点：

第一，多设备云同步。这相当于把电脑里的文档、表格和幻灯片软件这三大效率利器搬到了云空间里，让你随时随地在电脑和手机上取用，而且因为是云同步的，所以无论是在哪一侧输入，电脑或手机端都能立刻看到内容更新。

第二，多人在线协作。这可以让许多人在同一个文档里在线编辑，而且还会显示谁写了什么内容。这个功能不仅适合异地或者在线办公，而且就算是面对面，我们都能用该功能在同一个文档里进行头脑风暴。

尤其是在一些重要的会议上，有可能来不及及时记录会议上的关键内容，而且为了抢速度，需要在会议一结束就有会议记录成品，这时候怎样才能写得又快又好呢？

答案是在会议前先开一份写作文档，多人协作。安排其中两个小伙伴同时记录，再由第三位小伙伴专门负责归纳总结。如此一来，负责记录的小伙伴压力就变小了，归纳的小伙伴也可以根据记录和自己在会议上听到的内容做归纳总结。

这样，一份像样的会议纪要可以很快成型。

第三，升级成知识库。由于这些文档是以超链接的形式存在的，因此我们能充分利用这个特性将不同的文档通过超链接的方式连接在一起，形成一个个人或者集体的知识库。

这是什么意思呢？

你可以先做一个目录页，目录页中有相关笔记的标题，并插入这篇文章的超链接。这样一来，你只需要在微信里收藏这个目录，通过目录层层点击进去，就能直达任何你想看的文章内容。

更有意思的是，由于文章内容是实时更新的，所以每次点击进去的时候，看到的一定是最新的版本，这可比以前从电脑里找文档要省力多了。

第四，支持保护隐私。这类文档产品在设计时就很注重隐私，你分享出去的链接随时可以关闭编辑权限变成只能阅读，或者关闭公开分享。充分使用好这些功能，你所撰写的知识或内容都能只分享给你的目标人群。

最后，是实时云存储和历史文档找回功能，这样你就再也不用担心写东西写到一半电脑死机但没保存啦。

思维导图生成应用

我以前不是很了解思维导图，还以为它只能自己一点点制作，直到有一次一位朋友为我演示了这类应用的用法，我惊呆了。因为前一秒钟，他在投影机上显示的内容还只是文字文档，但下一秒居然就变成了一张思维导图。

这类应用可以把文档转化为高效的思维导图工具，而思维导图能帮助我们有效总结和思考。比如我在阅读一本书的时候，就会把整本书的脉络梳理成一张思维导图，这样下次要回顾的时候，就能迅速回忆起这本书讲过些什么。

而且这类应用同样可以以超链接的形式输出，这意味着你可以使用前文提到过的协同文档把生成的思维导图导入目录里串联起来。

这对你个人来说是非常伟大的知识工程，因为在这份目录里，有每一本你读过的书。你不仅可以把这张目录分享给朋友们，而且当你年岁渐长，某一天再回过头来看看自己所做过的读书导图，也是一件非常有意义的事情。

除了读书，思维导图还能帮助你进行思考。如果你还记得 WOOP 心理思维四步法，每当你遇到困难的时候，就可以打开应用，按部就班地在每个具体问题下用思维导图写下你的思考。同样的，你可以把每一张思维导图都汇总在目录中，每一次输出都在为你个人的知识工程添砖加瓦。

文字扫描应用

第四种是文字扫描应用，可以用来整理纸质笔记。只要用手机把纸质书内容扫描出来，就可以作为线上笔记保存。而且分享出来的格式可以是文档也可以是图片。

说到这儿，你可能会觉得普通拍照比起来也没有什么区别呀。但这类扫描应用还有一个文字识别功能，意味着你可以直接把图形中的文字识别出来，图像就变成文字，可以被保存到你的在线笔记或文档里。

而且，这种软件不仅可以在读书时用，当开会用白板时，当你在自己笔记本上做笔记时，当你拿到一张别人的名片时，只要你想，就可以把这些内容数字化，都可以使用这个工具实现你的知识管理和信息管理。

📝 小结

4种知识管理工具：

1.多平台互通笔记应用。它是一个云同步的知识收纳管理工具，通过日拱一卒地搜集，在你需要的时候随时拿出来翻阅、搜索，大概率可以在你过去的积累中收获灵感；

2.协同文档应用。可以把电脑里的文档、表格和幻灯片软件这三大效率利器搬到了云空间里，它的好处分别是：

（1）多设备云同步；

（2）多人在线协作；

（3）可升级成知识库；

（4）支持保护隐私；

（5）实时云存储和历史文档找回。

用好协同文档，可以积累出对自己来说很有意义的知识宝库。

3.思维导图生成应用。作为一个思维导图工具，它可以作为你读书笔记的载体和思考问题的助手，同时配合协同文档，制作出来的思维导图会是你知识工程的一部分。

4.文字扫描应用。作为纸质内容数字化的补充，可以在阅读纸质书、保存会议白板内容、留存商务名片等多场景中使用。

第五节　运动休息平台
会运动的人才能更高质量生活和工作

> 运动新手如何循序渐进地训练？
>
> 户外运动用哪种应用辅助更好？
>
> 有一定运动知识的人在哪寻找运动带练内容？
>
> 如何快速恢复心力、脑力？

本节来聊聊 3 种运动休息应用，通过使用这些运动休息应用，让你的心力、脑力、体力能时刻保持在巅峰水平。

运动类应用

以前我不喜欢运动，因为觉得运动这件事情实在是太反人性了，但当时地铁站里的一句广告语却深深地吸引了我：自律给我自由。

就像《人类简史》（*A brief history of humankind*）的作者尤瓦尔·赫拉利（Yuval Harari）说的那样，人类这个物种追求意义感。所以在意义感的驱动下，我开始了用运动应用敦促自己运动。

首先，我发现这些应用里有一些我不知道的运动知识。比如在此之前，我只知道国外有专门训练腹肌的腹肌撕裂者系列课程，但这些应用里不仅有腹肌撕裂者，还有人鱼线雕刻等，而且还很贴心地根据你的水平区分了不同难度。

这是一个循序渐进的过程。我在训练 2 个星期的时候完全适应了最简单的 1 级难度，接着用 2 个多月适应了 2 级，然后在 3 级上停留了大约 1 年，虽然中间也多次尝试 4 级难度的课程，但总体感觉动作要求偏高，无法完全坚持下来。

但 3 级也够了。我所在的公司每天 9 点上班，但我每天早晨 7 点 30 分就到公司了，所以公司的会议室就成了我的健身房。

通过每天早上在会议室里训练，我的身体素质改善了不少。本来几乎每个季度都要得一次感冒、咳嗽，但坚持训练第 3 级腹肌撕裂者这么久之后，许多小毛病已经基本好了。

除了腹肌撕裂者、人鱼雕刻线系列，这类应用上还有许多特地为上班族省时间而设计的 HIIT 系列课程，HIIT 的全称是 High-intensity Interval Training，也就是高强度间歇训练的意思。

这种 HIIT 的训练方式是一种需要你在短时间里快速爆发，全力而为的训练项目。它能让一个人的身体迅速进入缺氧状态，这也会让他在休息恢复时保持身体的高代谢率，最高可以达到 48 小时之久。

所以，如果你不想去健身房，这类应用也能帮助你实现科学健身。

2019 年，为了让自己的身材恢复高中时的模样，我参加了一个减脂训练营，而训练营的教练向我们分享了最适合减脂的运动：快走。

当时我们很多人都在使用同一款运动应用，并在训练营的社群里晒自己快走的地图。就像我们反复强调的行动原理模型 B=ATM，每天看到群里有人发快走地图打卡是触发，看多了，你也会自然而然地加入快走团，每天不完成 15 分钟快走任务就过不了自己这一关。

除了快走，还有一个运动也可以不受场地和时间限制，就是深蹲。我每天空闲之时就会在应用上计时打卡，花 5 分钟做 70 个深蹲，你不要小看这 5 分钟，70 个深蹲实际上可以消耗掉大约 67 大卡，相当于 2 大片西瓜的热量。

很多小伙伴在做深蹲的时候膝关节会出现声音，担心自己伤到膝盖。其实大可不必，因为深蹲时你双脚着地，只要保持匀速运动，深蹲比单脚落地的跑步对膝盖的冲击都更小。

在线视频网站

你可能会问，在线视频网站不是娱乐平台吗，为什么也会成为运动神器呢？

当时我卡在腹肌撕裂者 3 级和 4 级之间 1 年都上不去，但又积累了一点运动知识，就在在线视频网站上找到了一些分享运动知识的博主，他们自己也会研发一些腹部训练教程，难度大约是 3.5 级。

3 级对当时的我来说已经没有挑战了，4 级的难度又太大。所以当你陷入瓶颈，同时也有了一些运动知识储备后，不妨也去视频网站上看看，其中一些专业博主的分享经常能给人惊喜。

我也是无意中发现的，训练下来却感觉强度刚好。所以，当你以后也在专业平台上陷入不上不下的尴尬境地时，不妨打开在线视频网站看一下这些运动博主，真的会有收获。

冥想

说完了体力，我们再来说说心力和脑力。

心力是什么？心力是一种意志，这种意志能帮助你在面临抉择的时候坚定地走下去，你可以把它理解为大脑的肌肉。

和长在身体上的肌肉一样，心力是消耗品，所以你在饥饿、疲劳的时候会更容易倾向于妥协。脸谱网创始人扎克伯格购买了许多款式一样的衣服，就是为了避免消耗自己过多的心力在今天穿哪件衣服上，可以把心力投入到更有价值的事情上去。

而当我自己感觉心力殆尽的时候，就会用冥想恢复心力。我也会使用一些辅助工具，比如冥想应用。

每天中午，我吃完午饭后，就会打开这类应用，用它帮助我练习呼吸。因为冥想的本质其实就是观察自己的呼吸。在佛经故事里有一句话，叫作生命就在一呼一吸间。

当你把所有的注意力都聚焦在呼吸上的时候，会发现你真正活在了当下，过去繁杂的事务会被你抛诸脑后，未来棘手的困难也可以暂时不去想它。

这就达到了所谓"过往不念，未来不迎，当下不杂"的境界。你也会感觉到，自己因为之前注意力过于集中而造成的压力和紧张状态会得以放松，这就仿佛肌肉锻炼后的拉伸和休息一样，迅速地把"大脑肌肉"逐渐调整到巅峰状态。

那么什么又是脑力呢？脑力是思考的速度，是运算的能力。我们知道电脑的中央处理器有单核、双核、四核、八核，那人类大脑的运算能力依靠的是什么呢？

脑科学的答案是：大脑灰质。

灰质由大脑的各种神经元、神经胶质以及大量神经纤维组成，人类拥有的神经元数量可以高达 140 亿，而神经元之间复杂的结构则形成了大脑复杂的联络系统，它是人类思维活动的物质基础。可以说，大脑灰质相对较厚的人，他在思维上也就更有优势。

那冥想和大脑灰质又有什么联系呢？根据哈佛大学联合马萨诸塞州综合医院的研究表明，冥想这个行为会对人类大脑产生巨大影响，由神经科学家萨拉·拉扎尔（Sara Lazar）团队组成的研究小组通过核磁共振扫描发现，连续八周冥想，就能增加大脑灰质的厚度，这就相当于别人是单核，而经常冥想的人可能就是 1.2 核或者 1.3 核。

因此，当你知道冥想带来的好处后，你是不是恨不得现在立刻就学习冥想。

◢ |小 结|

3 种知识运动和休息类 App:

（1）运动类应用。能帮你收缩你的腹部，更重要的是，增强的你的体质。有条件的话你也可以加入一个社群，让群成员成为你每天运动的触发。

（2）在线视频网站。在线视频网站的博主是构成网络上健身内容生态的重要力量，不过前提是你自己需要有一定的运动知识储备，用来辨别哪些视频教程更适合你。

（3）冥想。

第四章

术：在操作层面如何自律

# 第一节　早起计划
这样做，你也能第一个到办公室

从本节开始，我们将一起进入"术"的模块，以下为具体的应用场景。

场景：早起。

你可能听说过苹果首席执行官蒂姆·库克（Tim Cook）每天 3 点 45 分起床，4 点半给员工发邮件，5 点去健身房；前百度集团总裁兼首席运营官陆奇起得更早，每天 3 点起床，然后跑步 5 千米，接着持续工作到晚上 10 点；还有知名作家村上春树，他的起床时间是 4 点 30 分。

和这些人比起来，联想柳传志 5 点起床，百事可乐 CEO 史蒂夫·雷尼蒙德（Steve Reinemund）5 点起床，百度李彦宏 5 点起床，还有我也是每天 5 点起床，都算挺晚的了。

玩笑归玩笑，让我们回到主题。我们说：菩萨畏因，众生畏果。你觉得早起对一个人成功实现自己的人生目标到底是"因"还是"果"呢？

我之所以认为早起是"因"，是因为早起能让一个人干

很多事情，而且我自己也因为早起，品尝了诸多好处：

第一，早上没人打扰，读书、写作很容易就能进入物我两忘的状态，学习输入和写作输出的效率都特别高；

第二，早上的通勤体验非常好，在地铁里也能十分舒适地阅读电子书；

第三，我自己还有一个"人体电池"的理论。如果把人类比成一个手机，早上起床后一个人就像是电池充满的状态，晚上临睡觉前显然就是电量低于 20% 的低电量状态了。一个满电量，一个低电量，这两种状态哪种更适合工作、学习，自然是一目了然。

既然早起的好处有那么多，那到底要如何才能养成早起的习惯呢？

答案是把你的早起计划分为三个阶段，逐一实现。

第一阶段：每天 1 分钟，初步摸到门槛

我们先来看第一个阶段，初始阶段中，我们正好可以复习一下前面章节中提到过的 WOOP 思维，温故而知新。

如果你还记得，WOOP 心理思维四步法要求我们通过比

较预期和现状的差距找到障碍点，然后针对障碍，采取"一旦……就……"的计划。现在，就让我们根据 WOOP 思维四步法的步骤来模拟一遍。

第一步 W（Wish）希望： 你希望早起，于是把闹钟调成了 5 点；

第二步 O（Outcome）现状： 现状是早上被闹钟闹醒后，一看是 5 点，困意袭来，想想要不还是明天再进行早起计划吧，今天实在太困了。于是就按掉闹钟接着睡。这样一来，早起的计划就延后了，就这样日复一日，你的早起计划始终没能实施。

第三步 O（Obstacle）障碍： 如果本来你在 7 点 30 分起床，而现在硬是改成了 5 点，早上醒来时，你要面对睡个回笼觉的巨大诱惑，这份诱惑将远远大于你起床的动力。

好了，分析到这一步为止，你已经清楚了，阻碍你早起的最大障碍是继续睡的诱惑大于早起的动力，所以我们就找到了这道题的题眼，接下来就是找到解题的具体措施。

我推荐的解法是把诱惑变小。具体要怎么做？

你可以把明天要起床的时间调整成为 7 点 29 分。有人会疑惑？才早起 1 分钟？说好的早上起来读书、写作，物我两忘呢？

对不起，你现在还没到这个阶段，所以我需要先帮你逐步养成早起的习惯。

因为明天早上闹铃响的时候只比平时早 1 分钟，而再多睡 1 分钟的诱惑在绝大多数情况下是小于你想要养成早起习惯的动力的，所以执行起来就没那么费力，因此，可以按时起床。

所以，第四步 P（Plan）计划就有了：明天比平时早起 1 分钟，一旦闹铃响就马上起来。

第二阶段：红包策略，培养大脑习惯

仅仅早起 1 分钟不是你的目的，所以在这个 WOOP 四步法中我们要不断地继续。也就是说，明天你 7 点 29 分按时起床了，那么后天的起床时间则是 7 点 28 分，大后天的起床时间是 7 点 27 分。

在之后的日子里，你每天的起床时间都比前一天要早 1 分钟，这种循序渐进的方式将帮助你用 5 个月的时间，来实现早上 5 点起床的目标。当然，如果你觉得要 5 个月的时间才能跨过这道门槛有点长，那么你也可以每天早起 2 分钟或者 3 分钟，这样你只要花费 75 天甚至 50 天的时间，就能实现这个目标。

但是，这里有个但是，不少早起的人遇到的第二个障碍，你可能也会遇到。

那就是他们会发现早上慢慢地多出了那么多时间，但是又不知道要做什么？

这会导致你虽然可以做到 5 点起床，但很快又会放弃。

等等，不是我们说好早上起床"读书写作，物我两忘"的吗？怎么会不知道做什么呢？

我们讲过习惯模型是触发行动，然后大脑奖励。

你现在虽然做到了 5 点起床，但生物钟还没完全固定下来，而读书写作这件事情本身就是反人性的，需要你花费心力、脑力、体力去做，所以对坚持早上 5 点起床来说，除非你是天生学习狂热者，否则读书写作不是"奖励"，而是"惩罚"。

你的大脑在这段时间不会想让你"读书写作"，但它对到底要做什么又一时没有头绪，所以才会有这样尴尬的局面。

所以，此时最好的策略不是"早起读书写作"，而是"早起娱乐"。

是的，你没有看错，为了巩固早起习惯，要刻意安排早上提早起来干一些能给你大脑带来奖励的东西。

比如有些同学爱看电影，所以这 2 个半小时足够你看一部高分影片的；有些爱玩游戏的，也可以早上玩玩游戏；有些还可以在网上购物。总之怎么开心怎么来……

我知道渴望战胜拖延的你此时心里可能有些犹豫，早起就干这事，那还不如不早起呢！

别急，就像很多新软件在开拓市场时会采取免费策略或者红包策略来培养用户的使用习惯一样，我们现在让你的大脑开心，目的也是一样的。一旦你的大脑已经习惯了早上 5 点起床，那么接下来，你就可以收走奖励它的"红包"，开始去做些正经的事了。

第三阶段：习惯养成，收割早起红利

如果你已经连续 2 个月都能做到 5 点起床，那么恭喜你！你可以开始收割早起红利了。

举个例子，或许可以给你一些启发：

• 5：00，起床，把前一天晚上准备好的饭菜倒进锅中加热，然后去洗漱；

- 5：02—5：05，刷牙，洗脸；

- 5：05—5：20，一边吃饭一边阅读昨天读到一半的电子书；

- 5：20—5：45，吃完早餐，用一个番茄钟写500~800字的文章，状态好的时候可以写1000字；

- 5：45—5：50，清理碗筷准备出门；

- 5：50—6：05，快走到达地铁站，同时路途中戴上蓝牙降噪耳机，听有声书；

- 6：05—7：15，地铁通勤，阅读电子书；

- 7：15—7：30，快走到达公司，同时用蓝牙耳机听音频；

- 7：30—7：50，进会议室摊开瑜伽垫做一节腹肌撕裂者和一组深蹲；

- 7：50—8：50，回顾昨天的工作内容，计划今天需要做的工作，思考重点工作的难点和应对计划；

- 8：50—9：10，做冥想；

- 9：10—9：30，点好中午的午餐，同事陆陆续续到场，投入一天的工作。

你看，这是我收获的早起红利：5点起床，利用早上的时间把知识输入、输出、运动、冥想以及工作的回顾和计划，重点工作的难点和突破计划都完成，而且在思考后还安排了一段解压冥想，并且在别人每天临近中午匆忙点餐前，就非常从容地把包括午餐在内的事项统统安排妥当了。

正是在这样有规律的安排下，我几乎每天都能比身边人多2~3小时的高效时间，在这2~3小时中，不仅有执行层面的进步，还有大段中长期的思考。

那你呢，是不是也一样可以利用早起，阅读、锻炼、收听新闻、提前到公司准备好一天的工作计划……甚至还可以把很多平时没有时间完成的计划，提到早晨的日程中来？比如我的不少读者都会设法通过各类社交媒体，在网上找到我，与我交流，和我分享自己的阅读与践行心得。在这些读者中，有利用早起时间准备在职考研的上班族；有利用早起时间写作投稿赚副业收入的宝妈；有利用早起时间学英语准备雅思考试的大学生；还有非常多和我一样利用早起读书、写作，不断输入新知识让自己比同龄人更快成长的人。你看，这些就是我们在进入第三阶段，养成早起习惯后，能够收获的红利。

你可能以前经常听到过这样的说法：人与人之间的差异，一在于选择；二在于选择之后是犹犹豫豫地蹒跚前行，还是像疯子一样认准方向一路狂奔。

早起的红利，正是我，也是你，可以找到的眼前目标，然后通过日拱一卒，偶尔猛进，一路狂奔进步。

📝 |小结|

早起计划的三个阶段：

第一阶段：每天 1 分钟，初步摸到门槛。即通过每天早起 1 分钟，用 5 个月的时间达成 5 点起床的目标；

第二阶段：红包策略，培养大脑习惯。一开始别用早起时间做引起"大脑惩罚"的事情。通过娱乐的方式，给大脑奖励，从而巩固每天 5 点起床的习惯；

第三阶段：习惯养成，收获早起红利。希望你也能利用好早上 2~3 小时的高效时间，从容地找准方向，日拱一卒，一路狂奔。

第二节 拒绝熬夜
怎样在身体层面支持你保持自律

上一节，我们一起过了"早起关"，构建了能轻松实现早起的策略。这一节，是"睡眠关"，我们来详细说说熬夜问题，并且用 3 个策略来提升你的睡眠质量。

我有一位同学在世界 500 强公司里担任高级财务经理，有一次我们见面，他感叹自己马上就要 40 岁了，不仅感到焦虑，而且有时在通勤路上会隐隐觉得自己胸口疼痛。我开玩笑说要小心过劳，没想到他听后突然表情严肃。

这位同学坦言，因为工作强度大，经常加班到很晚，回到家之后又觉得一天没有娱乐活动对不起自己，所以经常到一两点才舍得睡觉，然后每天早上 7 点 30 分拖着疲惫的身躯起床，每天都依靠喝 3 杯咖啡来"续命"。

前段时间公司体检，心电图显示正常，但因为身体不舒服，又去了医院复查，仍旧没结果。但他听了医生的劝告，现在每天 11 点半入睡，隐痛感才略微好了一些。

睡眠对身体有影响是我们的共识，这位同学遇到的情况也绝不是个例，微软创始人比尔·盖茨曾经说：他一生中每次严重失误都是在睡眠不足的情况下发生的。

德国吕贝克大学的实验也显示，睡眠缺乏犹如醉酒，一周如果每晚只睡 5 小时，人的状态就像喝了 60~80 毫升白兰地，可见睡眠缺乏对身体的伤害之深。

但现实生活中，我们经常看到许多人喜欢深夜发邮件并抄送领导，有些则是半夜加班发朋友圈，并附上一句加班感言。这些人的付出是以健康为代价的。

是的，只有活好，才能活儿好。

已经走在自律路上，开始勤奋努力的你，有没有什么方法可以提高自己的睡眠质量，在身体层面支持你保持自律呢？

下面就是我提供给你的 3 个睡眠策略。

第一种策略：时间差策略

如果你明天就要交功课，今天晚上迫于无奈，必须赶工。除了直接熬夜之外，还可以用时间差策略？

这种策略并不复杂，就好比手机快没电了，身边也没充电宝，但待会儿又必须要出门，那你怎么办？先充会儿电再走呗。所以这种策略就是在自己很疲倦的情况下，调好闹钟，睡个半小时再起来熬夜，完成工作后再继续睡。这样做第二天醒来会好受多了，比你直接熬夜把活儿干完再睡要更好。

当然，如果你经过上一讲的训练，能预估完成工作的时间，比如3小时，那你可以先去睡觉，第二天凌晨4点醒来，然后开始工作。完成工作后，花个半小时洗漱、吃早饭，7点半正常出门，这样对身体的伤害比先睡半小时再工作还要更小。

也有读者可能会问，工作熬夜我倒不会，但我总是晚上刷手机、玩游戏、追剧停不下来，舍不得睡觉，这要怎么办？

我自己以前也曾迷恋网络游戏无法自拔，我为了戒除网瘾是这么做的。

第一步，很简单，定一个晚上11点的闹钟，到点准时把你的手机放到客厅去充电，斩断上瘾源头。国内顶级时间管理大师纪元就介绍过这个方法，不仅能戒除手机瘾，还能养成每天4点半起床的习惯，因为手机放在客厅，闹钟一响，就不得不起来关掉，不然会影响家里其他人休息。后来我发现不少我接触过的牛人大咖，都用这个方法来戒除熬夜刷手机的坏习惯。

当然，这个直接切断上瘾源的方法听起来简单，做起来还是有难度的，没关系，我们进入第二步：

第二步，早上起来玩网游，这就有了早起的强烈动机，因为早上 5 点起来玩游戏完全没有人来打扰，这样一来，半年的时间我不仅戒掉了熬夜玩手机的恶习，还养成了早起的习惯。

第三步也是最关键的，任何一个游戏都会玩腻的，任何一部剧也都是会追完的。这个时候，不要轻易开始玩另一个新游戏或看另一部剧，反而可以好好利用已经养成的早起习惯，在早上读自己喜欢的书。

第二种策略：催眠策略

催眠策略可以用在你第二天要早起，现在身体感觉特别疲劳，但又怎么睡都睡不着的时候。

催眠策略听起来好像挺神秘的，但其实只要你体验过一遍，就会发现这个策略一点都不复杂，因为它有套路，而且还有画面感，所以尝试过一次后，第二次就能自己使用了。

下面是催眠策略的 8 个完整步骤：

第 1 步，把睡姿改成平躺，然后做一次深呼吸。把注意力聚焦在自己的右手手掌，感觉它有点温暖；再关注右脚脚掌，感觉它有些温暖；接着是左脚脚掌，再然后是左手手掌。这么一圈之后，做一次深呼吸，并且感觉自己整个身体随着一呼一吸的时候，就变得放松了。

第 2 步，这次还是从右手手掌开始，把注意力聚集在上面，但这次不是感觉它的温暖，而是感觉它的放松；接着是右脚脚掌，左脚脚掌，最后是左手手掌，聚精会神的感受它们的放松。一圈之后，再来一次深呼吸，同时感觉自己整个身体更加放松了。

第 3 步，这次从自己的头皮开始，把注意力聚焦在头顶上，感觉这一小块区域的放松；接着是前额、脸颊、鼻子、嘴唇、下巴、脖子前方的皮肤、胸口、腹部，再到胯部、大腿前侧的肌肉、小腿前侧、脚背。在这个过程中，你要一小块、一小块感受身体的放松，每个从上往下的过程不要太快，每次停留 3~5 秒钟就可以了。这半圈走完，做一次深呼吸，感觉自己的整个身体更放松了。

第 4 步，再回到头皮，继续感觉它很放松，但这次的路线是从头皮，后脑勺、脖子后面的颈部、后背、腰部、臀部、大腿后侧、小腿后侧再到脚跟。自上而下，感受它们的放松。同样的，后半圈走完，做一次深呼吸，感觉整个身体变得更加松弛了。

第5步，第三次回到头皮部位，感觉头皮很放松，第三次的路径是双耳、双肩、上手臂、下手臂，再到手掌、大腿旁侧、小腿旁侧、脚掌。最后还是做一次深呼吸，感受整个身体更放松的状态。

第6步，想象自己马上要走进一个地下室，地下室一共有10级楼梯，自己迈出一条腿开始往下走，1步、2步、3步。同时告诉自己，当自己走完这10步的时候，自己的身体会更加放松一点。4步、5步、6步、7步；做一次深呼吸，8步、9步、10步。当你走到第10步的时候，突然感觉自己的整个身体变得很放松了。

第7步，想象自己进入了一个电梯，电梯要下降到地下10层，你看着电梯上显示现在是1楼。然后想象电梯的显示开始变成 –1、–2、–3，告诉自己，当电梯下到 –10 楼的时候，自己的身体会更放松。–4、–5、–6、–7，做一次深呼吸，–8、–9、–10。当电梯门缓缓打开的时候，突然感觉自己的整个身体变得很松弛了。

第8步，想象自己在一辆轿车里，轿车马上就要驶入一个不长的隧道。10秒后，你的轿车就会开出隧道，1秒、2秒、3秒。告诉自己，待会儿轿车开出隧道时，你的身体会很放松。4秒、5秒、6秒、7秒，做一次深呼吸，8秒、9秒、10秒。当轿车开出隧道时，你感觉自己整个人都沐浴在一片白光中，你在白光中感觉很舒服。静静地享受这白光带给你的放松感……

我自己在做这套催眠流程的时候，通常会在第6步开始意识模糊，有时还没到第7步就睡着了，而且会睡得很舒服。当然有时也会到第8步还没睡着，这时，整个人的身体是很放松的，多沉浸在这份轻松里，一般过一会儿也可以睡着。

而且因为你入睡时身体极度放松，所以第二天起来会很精神。我自己查看手环，也会发现尽管有时候睡眠总时长不长，但深度睡眠时间却并不短。

第三种策略：小睡策略

通常，午饭过后，下午的1点到3点的工作效率会变差，怎样在这2个小时里提高工作效率，很好的方式就是小睡。小睡可以分两种模式，一种是真的小睡；还有一种是做一段10分钟的冥想。

我们先来说"真的小睡"，如果你有中午喝咖啡的习惯，小睡前可以喝一杯咖啡。咖啡起效的时间大约是 25 分钟后，所以你可以在喝完一杯咖啡后，立刻开始小睡。小睡时眼罩很有用，可以买质量稍稍好一点的，最好鼻子位置有突起的那种设计。

冥想策略适用于午间睡不着，但又想提高下午办公效率的同学。你可以在我之前推荐的冥想软件里，找一段你喜欢的白噪声，带上你的无线降噪蓝牙耳机，然后放空大脑，专注于自己的呼吸。就像我们之前说的那样，这 10 分钟冥想会对你的大脑灰质产生积极的影响，短期能让你状态变得更好，长期还能升级你的大脑硬件配置，让大脑灰质变厚。

📝 小结

拒绝熬夜，改善睡眠，在身体层面支持你保持自律的 3 个策略：

第一，时间差策略。先睡再熬夜或者算好时间早起工作都是有效的。

第二，催眠策略。适用于身体很疲劳，却还睡不着的同学。我向你详细描述了 8 个步骤，你可以尝试一下。

第三，小睡策略。适用于希望下午提高工作效率的伙伴。喝杯咖啡后立刻戴上眼罩小睡，或者听白噪声，做 10 分钟冥想，都能帮你拥有一个高效的下午。

第三节　成功减脂
如何在短时间内，瘦出理想效果

上一节，我们一起过了"睡眠关"，用 3 个策略帮助你在身体层面支持你保持自律；这一节，是"减肥关"，从我减肥成功的过程，展示我前文提到的自律策略如何在实际中应用。

我会从：目标设定、大脑奖励、吃和运动、心理能量四个方面详细展开。

用 159 天，瘦回高中模样

2019 年，由于工作繁忙，运动量低，身高 1 米 7 出头的我，体重达到了有史以来的最高峰：73 公斤。

看着镜子里日益膨胀的身材，"油腻的中年男人"这个形容总是不经意间在我的脑海里冒出来。我以前的裤子都偏紧了，出去旅游也不爱拍照了。

但我突然想到，既然我能在早起、学习、读书写作上做到自律，这种自律是否可以迁移到减肥这件事情上呢？于是我大量地查阅资料，学习自然规律，加上每天刻意地持续运动，终于花了159天的时间，从73公斤，日拱一卒，将体重降低到了1999年高中时的水平：63.8公斤，减掉了将近10公斤纯脂肪，相当于40个手掌的大小。

我认为我学习到的方法具有很强的普适性，你也一定能学会，所以如果你或者你周围的人也有减肥变美的需求，我在这里把完整的方法分享给你。

目标设定

首先，你要有一个目标。你看，我们所有的自律项目都是一样的，目标对于任何一个自律的项目来说都是首要任务。很多人减肥失败就是因为缺乏一个具体的目标，这就造成减肥的行动变成我们在第一堂课里面讲的脉冲式勤奋，很难落为持续的行动。他们嘴上说着要减肥，但真的遇上周围人有人吃喝高热量食品时，就管不住自己的嘴，还会给自己找借口，觉得自己今天挺累的，犒劳犒劳自己也是应该的。

实际上，减肥的本质是一个从 A 点到 B 点的过程，这里面有非常详细的计算。只要你在最开始的时候能做好计算题，接下来每天的任务就是专注执行。

这样说有些抽象，到底怎么科学合理地设定目标呢？我来举个例子。

在 2019 年 6 月 3 日这一天，我的体重是 73 公斤，当时我选取了一个比较简单有效，且体验还挺不错的热量追踪软件，输入自己的减重目标：63.8 公斤，期望达成日期填的是12 月 25 日。之所以选这一天，是因为 12 月 25 日是圣诞节，我想用有仪式感的方式，许下一个愿望，然后通过自己不断的学习、思考和持续行动，给自己一份圣诞礼物。

大脑奖励

输入好目标重量和日期后，软件会自动计算出我这样的成年男性一天的基础消耗是 1800~1900 大卡（当然男女不一样，女性朋友可能在 1600 大卡左右），而想要在圣诞节达到目标体重，那么每天就要有 200~250 大卡的热量缺口。

这个模型就像我们以前小学数学时候做的一类应用题，有一个 7300 升的游泳池，每天漏水 100 升，如果要 100 天后里面剩下 6300 升的水，问每天最多可以灌入多少升水？

所以，通过这个科学严谨的热量模型，我每天需要控制我的饮食摄入在 1650~1700 大卡，如果不小心吃多了，就只能用运动的方式来释放掉多余的热量。

这是一道非常简单的数学题。只是很多人虽然知道，却很难坚持，这是因为他们缺少一件东西，这件东西假如没有，就会缺乏持续行动的动力。

你一定很好奇这件东西是什么？

答案正是我们在"第六步"中讲到过的自律上瘾机制——大脑奖励。

是的，大脑奖励是你减肥成功的关键。

吃和运动

那么下一个问题就来了，怎样才能构建大脑奖励呢？

答案是构建即时反馈，方法是定时、定状态称重。

当时是 6 月份，天气逐渐进入夏季，每天我起床后第一件事就是上完厕所，然后在仅穿贴身衣物的情况下去上秤。尤其在最开始几天，每天严格保持热量差时，我发现前一天的体重是 73 公斤，但第二天一早就变成了 72.7 公斤，第三天又变成了 72.5 公斤。

这种反馈让我的大脑像吃了"5 个鸡腿，10 个冰激凌"一样，明显地感觉自己的大脑分泌出了许多多巴胺，获得了强而有力的奖励。可是，为什么会这样呢？

在我的《行为上瘾》这本书里，曾经说到过一个 20 世纪 30 年代的实验，行为心理学家斯金纳（Skinnerian）发明了一个叫作"斯金纳箱"的装置。在这个复杂的装置中，饥肠辘辘的小白鼠可以通过按压一块金属小板来获得食物。这个即时反馈机制让小老鼠学会了按按钮，并让它感觉"行为"和"奖励"之间存在联系。

所以在减脂的过程中，控制热量差就相当于按压金属小板的行为；而看到体重往下在减，则相当于获得了食物。正是这种即时反馈的机制让大脑获得了足够的奖励，让我们有足够的行动动力去进行下一次热量差的控制。

但光知道原理还是不够的，具体要怎么去吃，怎么运动呢？

以前我喜欢吃煎饼果子、鸡蛋灌饼，觉得它们都是人间美味。但在热量计算软件上，我发现类似食物的热量高达

600~800 大卡，而我早餐的热量预算最多只有 500 大卡。所以这类食物是减肥期间坚决不能碰的。

于是我通过软件确定了一份基本固定的早餐食谱，加起来为 450 大卡。

然后是午饭和晚饭，午饭的预算是 600 大卡，晚饭则是 550 大卡。我再次去查哪些自己喜欢吃的食物热量性价比比较高。蔬菜的性价比都很高，半斤蔬菜加上调味料也只不过 100 大卡左右，米饭也没有想象中那么可怕，4 两米饭 230 大卡。肉类则要特别注意，通常猪肉可以暂时先不要碰了，热量相对比较高。

而 3 两五香酱牛肉所含热量也只不过 200 大卡，鸡肉也是很好的选择，热量与牛肉相当，但注意吃的时候要去皮，因为皮的热量很高；鱼、虾、蟹肉也是很好的选择，但一定要注意海鲜多吃有副作用，容易痛风。锁定了这些低热量的食材，你的午饭和晚饭基本也确定了。

另外，值得提醒的是早上 10 点 30 分和下午 3 点，这两个时间点容易产生饥饿感，这时你如果准备一些低卡的黄瓜或者番茄，就再好不过了；同时，要特别小心饼干，别看苏打饼干没什么油，但一片这种饼干，热量可相当于 2 根黄瓜。

说完了如何摄入，再来讲讲怎样运动耗散热量。俯卧撑、平板支撑、仰卧起坐这些常见运动，如果用热量模型去计算，会发现它们又累又消耗不了多少热量，这些运动主要是针对局部的塑性，当体脂率还在相对较高的水平时，光做这些运动短期是看不见太多效果的。看不到效果意味着大脑无法得到奖励，无法得到奖励则意味着这项行动很难坚持。

反而是快速走路，快速骑车，这些能持续让心率维持在120~140下每分钟的运动，反而能在短短的20分钟里就消耗掉110~160大卡的热量，相当于一天10%左右的热量消耗。如果你给自己在减脂期间配一个智能手环，持续地监控自己的心律，让心律保持在120~140，那么你依靠快走、快速骑车的减脂效率就可以达到最高。

而且两项运动你可以在上下班路上顺便完成。这样减肥，是不是又省力又高效呢？

心理能量

最后我们再来谈谈心理能量。

这个世界上从来就没有一帆风顺的事情，减肥也是。减脂减到一定的阶段，会遇到瓶颈，也就是人们常说的平台期。体重这时会长达3~5天无法降低，有时反而还会波动上升。

如果你对平台期没有预期，就很容易会产生焦虑，焦虑会让人怀疑，怀疑就可能让你停止行动，导致你的减脂目标被搁置。

所以为了让你的目标最终能实现，你需要理解这个问题的本质。这个问题的本质是什么呢？答案是成年人的消化道总长度很长，有6~8米。

这就好比我们打开热水龙头，要过上一会儿，热水才会从水龙头里流淌出来。

这就是滞后效应。

所以在我们周末或节假日很可能和亲朋好友吃一顿好的之后，大概率会在后面的几天里形成一小段平台期。

平台期该如何应对呢？

还记得我们减脂的本质是什么吗？对，人体热量差。

你只要守住本心，用心理能量接受平台期的到来，同时不忘初心，每天保持食物摄入的热量减去运动消耗的热量，小于等于软件上的每日热量摄入目标，制造人体热量差，等到那顿好吃的从你6~8米的消化道中被消化完，你会发现某天自己的体重一下子下去很多。

截止到2019年11月12日，花了159天，提早完成了原本定在圣诞节的目标，总计减脂9.2公斤，相当于37个手掌大小的纯脂肪，达到了我的目标体重。

📝 |小结|

在短时间内，瘦出理想效果，共四个方面：

第一，目标设定，你也可以去下载一个软件，输入你期望的体重；

第二，大脑奖励，通过每天固定时间、状态上秤，让你对每天保持热量差的行动产生即时大脑奖励；

第三，吃和运动，安排好一天3餐和2次食物补充的内容，选择卡路里性价比高的食材；并且用快走、快速骑车，使心率维持在120~140来消耗热量。

第四，心理能量，接受滞后效应，不焦虑、不放弃行动，用心理能量守住本心、守住热量差，让你身体里的脂肪持续被消耗。

第四节　优质社交
如何更高效地获取和积累优质人脉？

上一节，我们一起过了"减肥关"，主要从目标设定、大脑奖励、吃和运动、心理能量4个方面明确了100多天瘦掉5~10公斤纯脂肪，而且还不带反弹的方法。

这一节，是"社交关"，也就是高效获取和积累优质人脉的方法。

你可能会觉得，人脉和我们自律主题好像没什么关系？事实上，人脉能快速提高我们各方面的办事效率。甚至很多职场老人就是因为一个重要人脉，进入了梦寐以求的公司或接到了重要的项目。而且当你拥有优质人脉的时候，你可能只要一个微信就能把很多别人推不动的事情迅速办成，让你有更多时间精力去做其他想做的事情。

既然人脉对我们如此重要，如果你平时疏于社交，担心错失好机遇，那么今天教你的这个人脉公式，可能就能让你事半功倍地超越不少人，收获更多人生的可能性。

这个公式叫作：

优质人脉 ＝ 靠谱 ×（个人品牌 ＋ 知名度 ＋ 社会资本）

下面我就来为你详细拆解这个公式。

靠谱

我们先来讲什么是靠谱，我们先举个例子。

假设你是一个会议的主持人，今天邀请参会的人员大部分已经到齐了，但还有小张和小王两个人没到，你给他们俩发微信，让他们快点过来。

小张回复说：给我 5 分钟，我马上到；小王则讲：我正在接一个电话，预计 20 分钟就到。

10 分钟过去了，你又给小张发消息，他还是回复说：到了到了，马上到。

结果会议开始 15 分钟后，两个人一起来了。

好了，现在问你，小张和小王，你感觉哪个人更靠谱？

是不是你的第一感觉就是小张不靠谱，明明答应 5 分钟就到的，但拖了 3 倍的时间才到；而小王虽然说明了 20 分钟才会到，但反而提前 5 分钟就来了。

上述现象在心理学中被称为对比效应，你把左手放进热水，把右手放进冷水，然后同时再把两个手一起去摸温水时，左手会感觉冷，而右手则会感觉热。

所以当你理解了对比效应，如何让他人感觉自己靠谱的方法也就有了。

第一，别轻易承诺，但一旦要承诺，你答应的事情请务必确保在你的能力范围以内；

第二，既然答应了，那就一定要竭尽全力完成，并且最好能超出原本你给出的预期；

第三，如果可以的话，最佳的做法是控制对方的预期，然后交付一个比较高的回报。

虽然这是一种套路，但正是这种套路会让别人给你贴上一张靠谱的标签，别人很愿意与你合作。

个人品牌

说完了靠谱，我们再来说说个人品牌。

什么是个人品牌？

在说个人品牌之前我们先来讲什么是品牌。品牌是建立别人对于某种产品的长期认知和忠诚度。比如咳嗽的时候你会想买一瓶念慈庵川贝枇杷膏，累了你会想喝一罐红牛，送礼的时候你会不由自主地想起脑白金。

而人的个人品牌则是你在你的圈子里明确树立的形象：你是谁，你可以做什么，你做某件事做得比别人好。

拿我自己举例子，我是一个作家，我研究行为心理，我通过行为心理实现自律，我能教任何一个有自律意愿的人找到战胜拖延的方法，但如果我只是这样鼓吹却没有人相信，那怎么办？

别急，个人品牌也有一个公式，叫作：个人品牌 = 价值 × 识别度 × 曝光频次。

第一，我们先来说"价值"，价值是你这个人所代表的能力是不是能给别人带来效用，假如没什么效用，那么就算识别度再高，曝光再频繁也没用。给你打个比方，郭德纲很有名气对吧，但如果你感冒嗓子疼，郭德纲对你来说就没有价值，当然一边打点滴一边听相声的同学除外。

所以要提炼一个自己身上特有的价值点，而且这个价值点要被别人需要。你现在在看我的这本书，是因为我研究行为心理，我能用心理学的方法手把手教你怎样战胜拖延，怎样早起、减肥、教你自律；而有的人则可能擅长做演示文档，比如刘哲涛老师，年轻有为，已经是得到公司官方演示文档合作伙伴了。

每个人都有独特的被别人需要的价值，你要设法把自己的这份价值挖掘出来。

第二是"识别度"，识别度是说代表你这个人的符号是不是容易被别人记住。我在线下沙龙给别人做分享并介绍我名字的时候，经常会这样开场：我叫何圣君，你可以把我理解为如何帮你成为齐天大圣、太上老君，让你战胜拖延，持续蜕变。

因为《西游记》在普通人的记忆里太深刻了，所以我这样一讲，别人再一看屏幕上何圣君三个字，大脑里就有了画面，就把我的名字和孙悟空、太上老君做结合，接着就记住了我的名字。

所以你在做自我介绍的时候，也可以结合你的"价值"，把你的名字包装起来，让人一听就能记住。

第三是"曝光频次"，心理学中存在一种现象叫作纯粹接触效应，意思是说别人看到你的次数越多，就越容易喜欢你，从而选择你。比如你在超市货架上看到可可、诗慧、飘柔、震明四种洗发水，你更容易挑选飘柔，就是这个道理。

那怎样提高曝光频次呢？很简单，把你的微信、钉钉、电子邮件的个性签名、你在各个群里的昵称都改成具有高识别度的内容，那么你每次和别人添加微信、发邮件、发朋友圈、在群里发言，都是一次曝光。

比如我自己的微信签名是"日拱一卒，偶尔猛进"，不仅激励自己，也能给新伙伴积极向上的形象，我在今日头条、百家号、人人都是产品经理上的备注是：作家，著有《熵减法则》《熵增定律》《了不起的自驱力》《行为上瘾》，一些看了我文章并对我价值认可的合作伙伴也会私信我，想要和我达成合作。

所以对你来说，把这些你能使用的广告位都用上，你自己的个人品牌也能逐渐建立起来。

知名度

我们再来说说知名度。

知名度的确是需要一些努力的，但如何努力就很讲究。有两个方向特别值得你投入时间。

第一，建议你开始运营一个自媒体账号。

你先别怕，运营自媒体没有你想象中那么困难。打开百度搜索，花上 15 分钟了解一下个人公众号怎么开，你就能在这个周末马上开始你的自媒体之旅；就算你对公众号不感冒，注册一个微博总简单吧。

然后你就可以开始结合你的"价值"，开始做输出，无论是图文、音频、视频，都可以。你还记得我们讲过的第二步，不完美的开端吗？开始比完美重要。

一开始你可以每周就写 50 个字，但只要你开始，能力就会逐步提高，我自己也是从写不到 500 字一篇开始的，到现在轻轻松松就能写一篇 3000 字左右结构和内容都比较完整的文章。

只要你写，就开始有人看；有人看，有阅读数，你就能获得反馈，获得大脑奖励；有了大脑奖励，你就有动力持续行动；有了持续行动，你的表现会越来越出色，你的观众也会越来越多，你的知名度自然就逐渐建立起来了。

第二，建议你把握每一次分享的机会。

当你的知名度起来后，自然而然会有人邀请你针对你的"价值"做分享。我第一次分享的经历是作为学员参加了一位老师的线下分享，然后在线下分享中表现很积极，老师就邀请我在下个周末，在微信群里做一次关于时间管理的分享。

然后我就开始认真准备，准备了一周，到了约定时间，拿着逐字稿一句话一句话地把语音发进群里，结果当天的效果很好，许多小伙伴给我打气加油，赞许我的分享干货满满。这让我获得了大脑奖励，让我后来开始更高频次地做各类分享，在每次分享中积累经验，后来还被长沙李自健美术馆、上海静安红酒庄园等机构邀请去做各类线下分享。

知名度是一座山，你每走一步，就离山峰更近一点。

社会资本

最后是社会资本。

听到社会资本，好像有一种离我们很远的感觉，是吧？其实没那么可怕，你的小学同学，你的大学室友，你的前同事、前领导，他们都是你的社会资本，就看你平时怎样维护与他们的关系。

你可能听过邓巴数定律，是说一个人的有效社交人数大约为 150 人，而根据二八法则，关键社交人数则为 30 人，也就是说，这 30 个人会对你产生重要影响，也就是你的社会资本。

你可以根据他们对你的影响力和你的亲密度，以及他们和你的差异性，以 1~3 分来打分，然后根据影响力 × 亲密度 + 差异性做综合得分，从而整理出你的社会资本地图。

对于这 30 位对你有重大影响的社会资本，你需要做什么来维护关系呢?

第一,每个季度至少和他们发生一次互动。比如我第一本书的合作伙伴,我几乎每个季度要和他聊聊,向他请教一下图书出版业的情况,每次都能给我很深刻的行业洞察。

第二,学会感恩。人际互动不能一味索取,你可以在精神和物质上给对方以回报。比如你知道你的前同事最近遇到了育儿难题,那你看到的一篇很好的育儿类文章就可以随手发给对方,让对方感觉你在关心她。

还有感恩节的机会一定要把握住,尤其是你的老师和前领导,真诚地回忆过去他们对你的帮助,他们的人生经历,总是会在往后的某些不经意间给你启发。

当然,随着你个人的发展,你的关键30人社会资本地图必然会升级,每半年调整一次,拿出来梳理和回顾一番,一次联络和对谈,可能就会对你产生很大的影响。

📝 |小结|

更高效地获取和积累优质人脉的公式:优质人脉=靠谱×(个人品牌+知名度+社会资本)

1.靠谱:要尽可能给别人低预期,然后交付一个高回报。

2.个人品牌：个人品牌＝价值 × 识别度 × 曝光频次。

3.知名度：两种高效方法，分别是从今天开始运营一个自媒体，以及接受每一次分享。

4.社会资本：找出人际关系中最重要的30个人，用频繁联络和感谢与他们互动，让彼此都能受益。

我自芬芳，蜂蝶自来。当你学会了这套优质社交的方法，它就能帮你绕过惰性，战胜很多不努力拓宽人脉的伪勤奋者。

第五节　高效学习
让人欲罢不能的上瘾学习法！

上一节，我们一起过了"社交关"，说了高效获取和积累优质人脉的方法，用公式帮助自己绕过战术上低效勤奋的惰性，终达到"我自芬芳，蜂蝶自来"的境地。

这一节，是"学习关"，我会向你介绍两种学习方法，让你也学习上瘾，欲罢不能。

游戏化学习

第一种上瘾学习法叫作"游戏化学习"。

很多人买了一堆书或者在手机里下载了许多书，但总是看了几页就没有然后了。这是为什么呢？事实上，学习知识是反人性的，人类大脑趋乐避苦，因此你看手机短视频一看能看 2 个小时；但如果没有额外动力，看书，尤其是看很难懂的书，看 5~10 分钟，大脑就疲劳，就不想看了。

所以，学习知识我们需要"游戏化"，需要让大脑兴奋起来。

而"游戏化学习"的功能正是让学习过程可以变成如同打游戏一般升级打怪的体验，别人觉得你怎么那么有意志力，每天、每周、每个月都在努力学习，但他们不知道的是，你这哪是什么坚持，而是分明学习学得很兴奋，根本就停不下来。

这是怎么一回事呢？这是因为这种学习的模式是一种游戏化学习。

游戏化思维最早来源于美国宾夕法尼亚大学的两位教授，凯文·韦巴赫（Kevin Werbach）和丹·亨特（Dan Hunter）。游戏化思维被简称为 PBL，一会儿我会详细来和你说说什么是 PBL，PBL 被包括微软、德勤、耐克、阿里、腾讯在内等全球知名公司使用，取得了极好的结果。两位教授发现，一套体系里，只要包含了三种元素，这套体系就能让人"上瘾"，欲罢不能。

什么是 PBL 呢？PBL 这三个字母又分别所对应着哪三个不同的单词呢？我们一个个来看。

P，也就是 Point，代表积分或者点数。这是一个参与者在完成某个规定动作后可以得到的积分，是一种对行为过程的鼓励。

B，对应的是 Badge，代表徽章。这是游戏化系统给予的荣誉表彰。

L，对应的是 Ladder，翻译过来是梯子，事实上则是排行榜的意思。人类是一个天然爱攀比的物种，一张每隔一定时间就会变换一下名次的排行榜对人们的激励作用非常显著。

在 PBL 游戏化思维的两位祖师爷凯文·韦巴赫和丹·亨特看来，任何系统，只要包含 PBL 这三种元素中的一到两种，就能极大地改变人们的行为，让人做了还想做。

游戏化社群

你可能会说，PBL 的确是一个挺有意思的理论，但光知道这个理论又没有用，怎样把这套思想在我实际的学习过程中运用起来才是关键。

别急，在这个移动互联网发达的时代，市场上早就已经有很多成功运营游戏化学习的社群了。

参加学习的同学只需要交一笔很少的押金，比如 20 元，就能参与其中。20 元中的 15 元会变成奖金池，用来奖励认真学习的小伙伴；另外剩下的 5 元则是运营该群群主的辛苦费了。

在这场游戏化学习中，只要你认认真真每天学习群里指定的书，输出 50 字以上的读书笔记，就完成了当天的打卡任务，能获得 10 个积分；学习群里会有专门的记录委员帮助大家记录每个人的完成情况和积分情况，每天形成排行榜。

当 21 天的学习周期结束后，奖金池里的钱就会平分给完整坚持每天学习打卡的同学。比如总共参加学习的同学一共 100 人，那么奖金池里的总奖金就是 100 乘以 15 等于 1500 元，而最终完成学习的如果是 50 人，那么每个人就相当于投入 20 元，最后收获 1500 元除以 50 人，也就是 30 元。投入少，产出多，而且还能真正学到东西的环境，难道不好吗。

不过你可能会说，如果每次我都坚持不了，我就眼看自己的钱白白扔在水里吗？那这种游戏谁还会来参加啊？是的，你可能第一次的确是把钱扔水里了，但第一次挑战失败的人通常都能在第二次或者第三次挑战成功。为了能养成一个学习的好习惯，让学习这件事情不再枯燥，几十元的学费又能算什么呢？

费曼学习法

游戏化学习解决的是学习知识的基础动力问题；第二种方法不仅能让你学到的知识真正内化，而且还能开启副业，这又是怎么回事呢？

这种让人上瘾的学习方法叫作费曼学习法。很多人可能会发现，自己看完一本书或学习完一个内容却印象不深，看了学了也仿佛没看没学一样。这种学习其实是一种无效学习，知识根本就没有被消化吸收；而且会让人产生一种学完不会用的挫败感。

因此，为了解决这类只学皮毛，却无法学以致用；书本过眼不过脑，知识无法留存的问题，你需要在学习之前先了解费曼学习法。这种方法可以说适用于学习任何知识，不管你是正在备考的学生，还是想要丰富业余技能的职场人，又或者是想辅导家里的孩子学习，都可以用我接下来要介绍的这个方法。

那到底什么是费曼学习法呢？它是诺贝尔物理学奖得主理查德·费曼（Richard Feynman）发现的学习技巧，这个学习技巧主要包含四个步骤：

第一步，把你学到的内容教给别人。

为什么要教给别人呢？就像我们前面说的，很多人只是学会了名词，比如"行为原理模型 B=ATM"，学会了这个名词就觉得自己已经掌握了这个知识了。但其实他们不一定真正地理解，甚至可能只是说一个名词来糊弄自己。

但如果你能用大白话让一个从来没听过该词汇的人听懂，才算真正掌握它。比如你可以和你的朋友用举例子的方式解释"行为原理模型 B=ATM"。我这里来做一个示范：

我可能会对身边人说：行为原理模型由四个字母组成，B 是 Behavior，行为；A 是 Ability，能力；T 是 Trigger，触发；M 是 Motivation 动机。B 这项行为由 ATM 这三个因子组成，缺一不可。

比如手机来电，你要去接电话（行为）。如果手机被锁在了隔壁房间里，你没钥匙，进不去，这时，你就没有能力接电话；如果手机的确来电话了，但它被设置成了静音，那你也不知道要去接，这是没有触发；又比如手机响了，它就在旁边，但这位朋友天天来骚扰你，已经让你不堪其扰，你不愿意接她的电话，这是没有动机。

你看，这样的解释是不是就更容易让人理解，而能做出类似解释也就意味着你自己掌握了这个知识。

第二步，回顾你在解释中的停顿。

有时候在向别人描述今天早上看完的一本书讲了些什么内容的时候，会发现自己在有些重点部分卡壳了，解释不出来。这是一次非常宝贵的反馈，相当于摸到了自己的知识缺漏。

这个时候你再回看那本你以为自己已经学完的书，反复阅读，直到你再讲这个重点时变得很顺畅了，那么就说明你已经真正掌握了这段知识。

第三步，将语言形象化或者简化、条理化。

这一步是将知识内化后的再次输出。需要做的是确保自己的这段输出没有借用原材料当中的任何专业术语，如果你还能根据这个知识，结合自己的经验写成一段有条理的小故事，将帮助你更深刻地理解你学习到的内容。

比如我自己在学习"熵增定律"的时候，读到熵增定律里有两个条件，一个是"封闭系统"，另一个是"没有外力做功"，就让我想到以前出差住酒店，把自己关在酒店的房间里写课件，一开始房间是很整洁的，但随着我把衣物堆放在椅子上，把文件摊开在桌子上，这个房间只要没有阿姨进来打扫（这里对照系统封闭），或者我自己去主动收拾（这里又对照了没有外力做功），那么这间酒店的房间，必然将从有序到无序，环境里的熵能量会越来越多。

你看，通过这么形象化的描述，熵增定律这么难懂的内容就变得更容易理解了。

简化和条理化就更容易了。在之前的内容中，每次结尾部分都有复习回顾的小结，而这个小结就相当于是一次简化、条理化的过程。比如我们学习了第一节，你就习得了B=ATM 的行动原理模型，又如学习了"第六步"，你就收获了触发—行动—大脑奖励的习惯模型等。

第四步，传授给他人。

教是最好的学，也是你把学习内容变成副业赚钱的一种方法。比如现在你正在阅读的这本书，它就是我自学行为心理学的产物。通过学习、整理，我先是把这些内容制作成了付费课程；而现在，我又把这门课程撰写成了书籍，让你学习。

所以，当你也能把艰涩的概念变成大白话；回顾你在解释中的停顿，复习巩固并重新输出；通过形象化、简化和条理化，又把知识变成故事和模型。

那么你的这些输出也可以变成图文、音频、视频，在流量分发平台上去赚钱啦。我最初把整理好的学习心得发在平台上，并多次拿到 300~1000 元不等的创作鼓励奖金；我还因为分发了学习心得，而受到了《好妈妈胜过好老师》尹建莉父母学堂的邀请，对行为设计心理学在家庭教育上的运用做分享，并且最终出版了《了不起的自驱力》，这些都是意料之外又在情理之中的结果。

你虽然才刚刚开始，但假以时日，也一定能通过分享学习心得来开启副业赚钱，并逐渐建立你的个人品牌和个人影响力。

而且就像我们习惯模型里说的，触发—行动—大脑奖励，每次获得奖金，每次受邀分享，每次写出来的内容有人阅读、点赞、评论，这些反馈都会构成大脑奖励，这些大脑奖励会不断地强化你的学习，让你学习上瘾。

✎ 小 结

　　本节向你介绍了两种高效学习方法，让你学习上瘾，欲罢不能。

　　1. 第一种是"游戏化学习"，找到一个使用 PBL 游戏化思维的学习社群，让你用符合人性的环境因素，让你和一群喜爱学习的人一起通过积分、徽章和排行榜的玩法一起学习，学习上瘾。

　　2. 第二种是"费曼学习法"，它一共分为四步，这四步分别是：

　　第一步，把你学到的内容教给一个小孩子；

第二步，回顾你在解释中的停顿；

第三步，将语言形象化或者简化、条理化；

第四步，传授给他人。

通过费曼学习法，你还能用副业赚钱，提升个人品牌和影响力，让你在不断地大脑奖励下，强化学习行动，让学习上瘾，甚至让你有朝一日，也能和现在的我一样，向更多的人分享人类智慧。

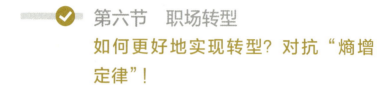

第六节　职场转型

如何更好地实现转型？对抗"熵增定律"！

这一节，我们来过"转型关"，和你说说，在现在这个 VUCA❶时代，如何更好地实现职场转型？对抗"熵增定律"！

什么是熵增定律

很多人会在职业生涯中遇到瓶颈，有些人是职业倦怠，每天早晨不想上班。有些人则是遭遇天花板，努力却很低效。这两种情况的出现，都是"熵增定律"的体现。

---

❶ VUCA 为波动性（Volatility）、不确定性（Uncertainty）、复杂性（Complexity）、模糊性（Ambiguity）的缩写，指比任何时候都更加复杂及不确定的时代。——编者注

什么是熵增定律？

打个比方，你倒一杯热水，放在桌子上，一开始热水很烫，冒着白烟。但不到 2 个小时，热水就会慢慢变凉，直到和室温趋于一致。一部新买的手机，你使用的时间越长，手机会越来越卡。

物理学家和数学家家鲁道夫·克劳修斯（Rudolph Clausius）说，在一个孤立系统中，如果没有外力做功，那么环境中的运动都会因为摩擦力，在有限时间里停下，各种势能也会消失，温度也会趋同。最终，整个系统会退化为死气沉沉、毫无生气的一团物质。

对应我们的职场，如果你在一个封闭环境里待得久了，也会越来越和身边的同事趋同，每天做的事情都在自己的舒适圈里，很可能会变成一个用 1 年经验工作 10 年，甚至更久的人。

是的，这就是熵增定律。

大多数人在面对这个困境时，往往会被 2 个问题死死缠绕：

第一，明明想要职场转型，但却迟迟拖延行动不了，怎么办？

第二，能行动，但不知道怎样职场转型最有效？

下面我们先来讨论第一个问题。

如何克服拖延，摆脱路径依赖

相信很多在职场打拼多年的人，都会有这样的体验，觉得自己的岗位越待越没意思，自己在工作中的价值感也越来越低，想要去更好的公司谋求更好的发展，但又觉得辞职跳槽都很麻烦，于是迟迟无法行动，待在老地方"混日子"，错失一个又一个机会。

面对这种情况，我们不难发现，面临人生节点，我们第一个要突破的，就是上面说的这种"封闭思维"。

怎样才能打破封闭思维，接入开放思维呢？

答案是你要警惕路径依赖。

路径依赖是一种惯性，是我们一旦做出了某种选择后就会不自觉地不断自我强化，以致很难轻易走出去的一种困境，所以这就造成了你的拖延。

比如假如你以前是从事行政工作的，可能已经习惯每天按部就班做一些日常事务性工作，如果突然要你去做新媒体运营，追热点更新推文，你就会特别恐慌；又或者你是一个汽车销售，你已经花了几年的工夫把各种汽车车型、内部模块背得滚瓜烂熟，此时如果要你转行去做广告销售，你也会觉得自己多年的功力被废了，很是可惜。

的确，由于路径依赖的存在，你虽然知道自己不得不转型，但你的大脑依然会受到路径依赖的制约，只要不是有意识地去冲破依赖，突破封闭系统，诸如"等下个月、等下个季度、等明年金三银四"这类想法就会充斥你的头脑，让你错过许多机会。

我以前是做生产制造的，一方面，我原本也以为自己在这个圈子以外找不到其他可能；另一方面，又认为完全甩开过往的经验会很可惜。可如果我始终这样想、这样做，那么我可能至今仍旧在原来的旧环境中，然后每天做相同的事情，每天过着期盼下班、期盼节假日的日子。

可后来，你已经知道，我通过写作在工作之外找到了突破口，走出了生产制造的舒适圈，从此走出一条不一样的路。

我可以摆脱路径依赖，你也可以。

所以，接下去我们将要一起讨论的内容，就是我根据前人的总结和自己的经验，帮你用能耗最低的方式，摆脱路径依赖，实现职场转型，对抗熵增定律的有效方法。

两种路径

这两种路径，一条比较稳妥，另一条相对激进。

先来说稳妥的这条路径，这条路径中，你需要内部转岗两次和跳槽一次。

我假设你已经根据我们"第一步"的方法，找到了自己的人生使命。也已经知道自己想要去哪个行业的哪类岗位，只是不知道如何实现。

我来举个例子，比如有这样一个本科毕业的大学生，他的第一份工作可能是在一家制造型企业里做工艺工程师。这个工种是一个专业集成度很高的岗位，很多人虽然不喜欢，但做的时间久了，会发现自己开始变得擅长，接着由于路径依赖的存在，不愿意轻易割舍之前的投入，走上了一条越来越专精的路。

此时，如果他已经想清楚了要前往目标公司的目标岗位，那么他的第一步，就是以工艺工程师为起点，尽一切可能，找到机会做第一次内部转岗，抵达诸如销售、商务、市场、人力资源、方案策划、运营等绝大多数公司都存在的"通用岗位"上去；

第二步，在"通用岗位"上，习得技能获得经验，再以此为节点，再一次跳槽，去他的目标行业、目标公司的同类岗位；

第三步，在目标公司中，工作满一定的时间，接着再通过内部转岗，最终投入自己真正向往的工作中去。

这虽然是一个相对曲折的过程，可能会花费 3~5 年的时间，但总的来说，同时符合"换岗不换行""换行不换岗"这些基本的职场转换逻辑，所以自己不会因能力跨度太大而感到不适应，用人单位和部门也不会认为你不具备需要的能力，从而把你拒之门外。

再说说相对激进的路径，就是要在现有工作基础上，去做副业，而且这个副业还要创造本身价值和具备可感知价值两种要素。

比如为什么我能从一家传统制造业的生产培训岗大幅度转行，成为互联网企业的运营经理呢？

事后来分析，"你想拥有某件事物就要让自己配得上它"这句出自《穷查理宝典：查理·芒格智慧箴言录》（*Poor Charlie's Almanack: The Wit and Wisdom of Charles T. Munger*）里的话很能解释其中的原因。

练习写作，写下了大量文字，并且用费曼学习法学习了行为心理学，这让我具备了和目前岗位匹配的核心价值。但光有核心能力还不够，业务部门的老大凭什么相信我一个从制造业出来的人具有价值呢？

所以，我还需要有可感知的价值。而最可感知的证据，就是我当时写的两本心理学方面的书籍，面试我的副总裁也是因为这两本书才说一定想要见见我的。但有出版物可能不是那么有普适性，那怎样才能让更多普通人也具备这种可以量化的价值呢？

不用担心时间，因为你要去做的这份工作一定是你发自内心喜欢的，并且还有 2~5 年的时间来达成。所以，你必须从今天就开始努力，在互联网上留下文章、音频、视频，或者其他任何载体的内容，在你感兴趣的领域留下的产物，作为你的价值积累。这样一来，你也必将有机会获得未来某个公司业务部门负责人的垂青，让你成为他们的一员。

两种渠道

另外，除了理解两种路径，你还需要掌握和践行提高实现转型成功率的两种渠道。

内部转岗其实并不太困难。同在一个公司，利用项目协同、日常会议等方式，让决策者认同和信任你，内部转岗就比较容易。我们下面主要说说怎样高效跳槽。

投简历一定不是捷径，因为不认识的人力可能只会用10秒时间扫描一下你的简历，所以你可以考虑这两种方式：

第一，熟人推荐渠道。

比如你现在处于一个通用岗位，假设是运营类，你经常参加线上线下的专业领域活动，手机里一定会有几个运营交流群。在这些群里，时不时就会出现空缺岗位的招聘信息，如果你经常在群里参加讨论，社群成员认得你，那么把你的简历顺手传递给他们人力资源，也仅仅是举手之劳。

又或者你已经掌握了我们"优质社交"里写过的维护人脉的方法并且持续践行，那通过人脉来推荐，得到面试机会的概率就更高了。

虽然熟人推荐未必能提升你面试通过的概率，但却可以大大增加你简历筛选的通过率。

第二，猎头推荐。

如果你实在没有熟人，那也没有关系，把你的简历定期刷新一下，把你的价值部分高亮，并更新在求职网站上，猎头们会通过搜索找到你的简历。由于猎头们每周都会接到新的企业需求，他们有足够的动力设法联系你，询问你换工作的意愿。

这部分需要特别提醒的是，不要因为有猎头来找自己，就洋洋得意，猎头的筛选工作实际是一个漏斗，通常他们会把初步符合条件的候选人都一起推荐给需求企业，而能否通过这层漏斗，则又回到了前面简历筛选的步骤。

所以，猎头推荐虽然不能增加你简历筛选的通过率，但能增加你被推荐给企业的次数。

无论通过哪类渠道，你被目标公司选中面试了，那么恭喜你，你的持续行动就起到了效果。离跨行业职场转型，去往你心之向往的岗位，也终于迈出了坚实的第一步。

📝 |小结|

这一节，我向你介绍了对抗熵增，往你想去的方向转型的范式：

1. 如果你发现自己目前所在的岗位不是心中喜欢的，千万别路径依赖，复习前文战胜拖延的方法，对抗熵增定律，完全可以做到跨行转型。

2. 跨行转型有两种策略：其中稳妥策略需要你先内部转岗到通用岗位，接着跳槽进入目标公司，然后再一次内部转岗到达目标岗位；而激进策略则要求你在现有岗位的业余时间找到吸引你的领域，并在此领域中积累价值，从而让目标公司业务负责人对你产生兴趣，有机会成为他们中的一员。

3. 掌握和践行提高实现转型成功率的两种渠道，通过行动建立熟人推荐渠道和猎头推荐渠道，让你的简历筛选通过率和被推荐次数增加，以获得面试目标岗位的机会。

第七节　个人成长
怎样构建自己的"第三空间"，做深度修行?

上一节，我们一起过了"转型关"。

本节是自律上瘾的最后一关，"修行关"，到了这一关，你已经做好了各种准备。接下来，为了实现人生跃迁，你就必须通过"修行关"，因为只有这样，你才能在有策略成为更好自己的道路上，积累你的优势，并且最终做成一件大事。

私人项目

物理学家万维钢曾经在他的专栏《精英日课》中讲到过华裔数学家、美国加州大学数学系终身教授张益唐的故事。张益唐没成名前经济拮据，只能到餐馆里做会计来赚钱。

不过虽然生活窘迫，张益唐仍旧持续在工作之余做数学研究，那时候是 20 世纪 80 年代，他自己做这些研究是没有收入的，但他依旧周周做，每天做，放到今天，十足就是一个斜杠中 / 青年。然后有一天，张益唐终于破解了"孪生素数猜想"的关键一步，结束了从公元前 300 年欧几里得那会儿，到 20 世纪后半段，超过 2000 多年的数学未解之谜。

张益唐在他自己的"第三空间"深度修行，做成了一件大事。万老师紧接着就说他自己在全职做物理研究那会儿其实也有"第三空间"。当时他在写一本和物理专业毫不相关的书，他认为做这种秘密任务的感觉特别好。万老师的原话是："白天的你是一个身份，晚上的你还有另一个身份，没人真正了解你，只有你自己知道你在做的是什么……就好像地下党员一样，你说刺激不刺激。"

真的很刺激，因为我也有做私人项目的经验。我向你介绍过，正常时间我在传统制造业上班，但每天早上 5 点到 6 点，我也还有另一个身份，我也像万老师一样在写书，而且最初的这 2 本书写完后，不仅让我完成了跨行业转型，更重要的是，从此开始，还定下了这辈子要写 50 本书的人生计划。

那怎样才能展开秘密项目，平稳地进行计划，去做一件大事呢？

答案是：你也需要构建自己的"第三空间"，做深度修行。

"第三空间"

那如何构建这个"第三空间"呢？它由三个要素组成，分别是：第一，一个具体清晰的项目；第二，日复一日地规定动作；第三，不被打扰的私有空间。

我们先来说说什么是具体清晰的项目。

如果你现在对自己的人生使命还是不清楚，我建议你先重新看一下第一步那一讲。我先假设你已经找到自己的人生使命了，那你就要设法开始一个和你的人生使命相关性很强的项目。

我以自己来给你举例子，我的人生使命是写作演讲，而现在我正在做的战胜拖延 30 讲这门课程正是和我人生使命强相关的、一份具体清晰的项目。它是一门音频课，这门音频课由文稿和音频两部分组成，总计 30 讲，每讲 12 分钟左右，这意味着我需要准备每篇 3500 字左右的文稿，文稿又需要包含有真正价值的内容。

那下一个问题就来了，怎样才能有真正价值呢？这就要求我输出的内容不能东拉西扯，不能是碎片化的内容，而要以系统化、结构化的形成呈现，并以最容易理解的语言来表述。所以在课程撰写前，我就必须有一个逻辑缜密、经得起推敲的课程大纲，这也是在购买课程前，在详情页看到的，以"道、法、器、术"为主要逻辑的目录。

所以你看，当你依据自己的人生使命找到项目，并且把这个项目梳理清晰，做任务分解，实际行动起来效率才高，会特别有章法，每一步行动都有用。

你可能会问，项目怎样拆解得清晰明了这一部分你讲得挺清楚了，关键是我现在没项目，这才是我的问题。我想说开始比深思熟虑更重要，现在短视频、音频、图文内容都如此发达，如果你喜欢美食，你可以从美食短视频开始；如果你热爱旅行，可以从旅行游记着手；如果你偏好健身，健身博主在一些平台的内容很受欢迎。

所以，你得给自己圈定一个内容范围，可以从任何一个角度切入，开始规划一个清晰具体的项目。

日复一日地规定动作

什么是规定动作，这是你每天雷打不动都要去做的事情。对我来说，每天早上 5 点到 6 点，我给自己定的规定动作是根据安排，写 500 字的文稿。

在我道行尚欠，文字功力还没现在深厚的时候，我每天早上只能写 100 字，但随着不断地练习，500 字与我而言只是 10~15 分钟的事情，有时候状态好的时候，5 点到 6 点这 1 个小时里，2000 字也一气呵成就写完了。一下子完成了 4 天的任务，我这个礼拜就会轻松很多，这样周末我也有更多时间来陪伴家人。如果觉得自己太轻松，可以同时安排自己去写一些热点文章，在各大平台扩大自己的知名度。

做短视频的道理其实是一样的。比如我在抖音上看到的美食博主有 20 出头的精神小伙，也有 40 多岁的中年博主，他们往往都能烧一手好菜，产出也相当稳定，基本也会以每周 2 个短视频的节奏发布他们的作品，收获流量，每隔一段时间也都会接一些广告，做一些流量变现的运营。

日复一日规定动作的关键不是某一天投入特别长的时间，而是哪怕每天只投入 20 分钟，但不能停。因为即便只有 20 分钟，一年下来也有 7300 分钟，相当于 120 多个小时。要知道，根据"100 个小时"定律，你在任何技能树上投入的时间超过 100 个小时，你在这件事情上的能力必然会超过身边 95% 的人。

不被打扰的私有空间

匈牙利心理学家米哈里·契克森米哈赖（Mihaly Csikszentmihalyi）提出过一种被称为"心流"的状态，它是我们从事某件事情时精神高度专注，从而物我两忘的状态。这种状态通常会在完成某项比较有挑战的并且需要用一定技巧的任务时出现，同时也需要你使用一定的技巧水平时发生。

由于你在做的项目不是工作上指派给你的任务，是符合你人生使命的，是你自己主观选择的事件，所以它对你来说必然不无聊，否则你不会去选，这件事情一定得具备相当的挑战水平；同时这件事情的难度也会随着你自己能力的提升不断递增。所以，大概率这个具体清晰的项目能让你进入心流状态，感觉物我两忘。

同时，你必须让这段进入心流的时间段不被打扰，它是属于你一个人的私有空间。

怎么构建这个不被打扰的私有空间呢？

答案是，要么晚睡，要么早起，要么去一个没人认识自己的地方修行。但是考虑到晚睡相当于手机电量只有5%左右还要继续工作，既伤身体，又容易导致焦虑；而去一个没人认识自己的地方，比如图书馆、咖啡馆，太浪费路上的时间精力，所以我还是建议你通过早起的方式，在家里，把早上的时间变成你不被打扰的私有空间。

拥有独立"第三空间"的高效能人士都是差不多的。当你也能早起完成具体项目中的规定动作时，你的秘密项目就每天都在往前推进，你的深度修行也终有一天，会帮你干成一件大事。

✎ 小结

构建"第三空间"对你的意义以及具体构建的方法由三部分组成：

1. 你要有一个符合你人生使命的具体项目，并且做好项目任务的清晰分解；

2.分解出来的项目任务要能变成你每天的规定动作，而且这些规定动作不在一日之功，而在于日拱一卒，哪怕每天仅仅做 20 分钟；

3.有不被打扰的私有空间，而拥有它的最好方法是早起。

结语

你好！高效能自律者

上一讲，我们一起过了"修行关"，讲了构建"第三空间"的意义以及具体构建的方法。

这一讲是我们的最后一讲。前面我们通过 A 计划五大思维模型的内心塑造，B 计划 9 步层层递进的战法，以及 19 个帮助你提升效率的工具和个人精进路上的 7 个关卡场景，已经做好了一个高效能自律者在认知层面上的绝大多数准备工作。

在这最后一讲，我希望在你把认知内化的时候，在你这艘船和我这艘船在大海上齐头并进了一段时间，即将离别之际，最后再留给你三个嘱咐，希望你能在拖延症再次袭击你时，效率再次低下时，用它们来提醒自己，不再走上弯路。

第一个嘱咐：有意识的意识

从本质上讲，我们这本书是一本心理学相关的书籍，是希望你用最符合人性的方式通向你心之向往的地方。

要做到这一点，我建议你从下面三个方面有意识地去思考、回顾和设计你日常的动作。

首先，你要有意识地校准你的方向。

为什么"不忘初心，牢记使命"要作为一个口号被大力传播？因为这正是我们作为一个人最容易忽略的部分。所以，在你前行的路上要真的追随你心里的声音。这就意味着你要时刻留意你内心的感受，在每天、每周持续前进的时候，千万不要用意志力去坚持，因为要动用意志力就意味着这不是一件你非干不可的事情。

就如同我不会用意志力告诉自己，这个礼拜我一定要写2~3 篇 3000 字的文章，因为这是我的人生使命，一股无形的力量会推着我往前奔跑。所以，如果你还在动用意志力告诉自己一定要坚持去做什么，你可能还会回到原点，去认真思考自己的人生使命到底是什么？

其次，你还要有意识地对自己的选择和动作去做思考。

我们大多数人每天都面临着无数个选择，要做出无数个行动。有些选择来自压力，比如任务的截止时间要到了，或者忙着重要但不太紧急的事情时，一个电话打来，要你去忙另一件重要程度很一般但火烧眉毛的事；有些动作来自情绪，比如你面对一个机会，由于恐惧不敢接受任务；或者因为担心别人说自己爱表现而放弃一次对自身有帮助的表现机会。这都是下意识的结果。

这类选择和动作背后的因素有很多，如果能有意识地思考每个选择和动作背后的因素，就能分辨清楚哪些选择和动作是好的，哪些又可以通过有意识地意识去干预的，这样做能让自己大多数选择和你想要达成的目标产生联系。

再次，还要有意识地用好心理学和脑科学的奖励机制来给自己制造反馈，形成大脑奖励，制造不断前进的动力。

尤其在刚开始的时候，还不知道某件事情是否真的是自己的人生使命，这个时候一定要想办法制造反馈来形成大脑奖励，这样才能激励自己接着尝试，直到真正了解到它大概的全貌，有机会倾听你的内心，了解到这是不是你的心之向往。

比如我自己，在 2008 年时写过一本 7 万字左右的书，但当时我是憋着一股劲儿，花了几个月的时间一口气写完再从网上找到几十个出版社的联系方式，一个个打电话过去问他们能不能出版，后来好不容易找到了一个有大概意向的，结果对方让我全篇修改，反复修改，再反复修改，修改到没有心理能量了，这本书最终就无疾而终。

当我再次坐在电脑前写作的时候，7 年已经过去了。

现在回过头来看，如果刚开始做选题策划的时候，就能和出版社编辑形成交流，针对方案达成一致，这样就能给大脑带来奖励。接着每写一部分再和对方进行一次沟通，每次都能获得一个里程碑。这样一轮轮走下来，一本双方都满意的书就写完了。

写书的例子可能对你不适用，但这个方法背后的原理是通用的，也就是不断制造反馈，不断获得大脑奖励。如果你实在不知道该怎么给自己制造反馈。最简单的办法就是在每天晚上 7 点 50 分复盘的时候有意识地写下自己这一天在想要推进的目标上有一些什么样的进展或者结果。

这样可以把行动结果可视化，清晰的成长路径能带给我们自我效能感，自我效能感可以让你更有信心、更有力量地去继续。

第二个嘱咐：有策略的意识

关于策略，我想分两个部分来讲。

真实世界存在已知和未知两种知识。

已知的知识是对过去的总结。简单一点的已知知识，比如 1 个标准大气压下，把水烧开的时候，水温会达到 100 摄氏度。复杂一点知识就好比我们这门课程中讲到的一些心理学原理，诸如：损失厌恶效应、慢思考和快思考，还有工具方法比如：OKR、WOOP 心理思维四步法等。

事实上，我们以前在学校里学习的知识几乎都是已知的知识，它们绝大多数都是我们能在书本上、网络上找到的知识，只是你以前不知道这个知识有作用，又或者不知道它的存在而已。

针对这些已知的知识，尤其是有价值的知识，要有意识地用策略来提升这些知识在脑海中留存的效率。具体的方法我已经在"高效学习"这章中和你说过了，游戏化学习或者费曼学习法都是很适合的策略。

未知的知识是我们需要探索或者在某一些相对个性化的场景中去验证的。探索我们先不说，因为探索的难度太大。我们主要说在个性化场景中去验证，这是我现在想要重点说的内容。

什么叫作要在个性化场景中去验证呢？比如你想升职加薪，升职加薪的前提条件之一是你和你领导的沟通要比较顺畅，而你不知道怎样才能让你们之间沟通顺畅。正因为不知道，你就一直拖延，结果你们的沟通模式始终停留在原有的情况，让你很吃亏。

所以针对这种个性化场景，就要有意识地先去搜集那些已知的知识，内化这些知识后形成策略，接着拿这些策略尝试和领导做互动。

有一句话很扎心，叫低效的人总是用同样的策略去做事，然后不得不更换目标；高效的人总是用不同的策略去做事，始终紧盯同一个目标。

有策略的意识意味着要以同一个目标为基准去审视策略，并不断形成新策略，然后去测试这些策略，直到找到有效、高效的策略。

而是否有这种习惯，还是主动或者被动地拖延着，懒于更换策略，才是决定你这艘船是否能抵达心之向往彼岸的根本区别。

第三个嘱咐：战胜拖延，持续蜕变的五个级别

在离别之前，我想再给你一把尺，去审视自己的战胜拖延水平达到了什么样的境界。这里用相对有仪式感的方式来描绘这五个级别：

级别一，草船。你刚刚开始践行自律，目前仍旧习惯使用快思考的下意识反应来与自己的意志力较劲。具体表现为 3 分钟热度，习惯设立目标，但往往以失败收场。

级别二，帆船。你开始学习自律上瘾的方法论，知道时间管理四象限，对自己的时间开始做规划，但无论是学习还

是行动都流于形式，执行效率也偏低。

级别三，桅杆舰。你知道许多策略，发现自律上瘾的本质是行为设计心理学，对各种方法论已经烂熟于胸，并且能在小项目中做到自律不拖延，但对整个人生缺乏思考。

级别四，战列舰。你找到了自己的人生使命，对知识结构有清晰的梳理，已经可以轻松做到早睡早起，每个阶段都能获得反馈，每年都能交付出若干优秀的结果。如果你能达到战列舰的水平，你已经很棒了。

级别五，航空母舰。你能不断地对自己思考的成果做思考，还能帮助周围的人，影响他们成为更好的人。大家给你的第一标签是自律，也都很愿意和你一起自律。恭喜你！你已经成了真正的自律上瘾的高效能自律者！

对照着以上五个级别，评估一下自己目前的级别。同时，如果你不是走马观花泛泛地阅读，而是认真践行我们这 30 节的内容，那么你可以在几个月后轻松达到战列舰的水平。而如果你不仅能身体力行，还能成为一个自律"发动机"，带动身边人一起学习践行，那么终有一天，你也能成为一艘战胜拖延的航空母舰。

最后，除了嘱咐，我还想给你祝福

这句祝福词来自《瓦尔登湖》：

"当你实现你梦想时，关键并不是你得到了什么，而是在追求过程中，你变成了什么样的人。"

好了，本书的内容到这里就全部结束了，但结束不意味着告别。因为我此生预计会撰写 50 本书，每本书都可能与你的需求不期而遇。

期望我的输出能为梦想成为战列舰甚至航空母舰的你助力。还有，如果任何我输出的内容对你有帮助，也希望你分享给更多需要的朋友们，践行属于你"法布施"。

我是行为设计心理的研究者和践行者何圣君，希望本书只是我们彼此成就的开始，因为人生所有的修炼都只为在更高的地方遇见你。

后 记

这是我写完的第 9 本书，根据完成 50 本书的目标，完成度为 18%。

很多第一次得知我写了 9 本书的朋友都会惊讶于我的高产，甚至如果 10 年前的我穿越到今天，我也会对此不敢置信。

这应了这样一句话：人们总是高估 1 年会发生的变化，而低估 10 年的变化。

不过，这些都是"果"，而非"因"。

所以，追溯原因，在此过程中，我一定要感谢几个人：

第一位，是当年给我年底绩效评估 3 分的领导，是这位领导让我清醒。如果我一直待在那家企业，哪怕每年考评都被评价为 5 分，那可能我的生命历程也会改写，无法拿到如今这 9 本书，甚至至今都还在一个低效的系统里原地踏步。

第二位，是多位在茫茫人海中帮助我共同发现与验证写作这项人生使命的朋友。特别是出版社的编辑老师与北京合生载物文化传媒有限公司的蒋香香。没有你们的发掘与助力，我也走不到今天。

第三位，就是捧着这本书的你。因为你能读到这里，说明你和我是一样的人。今天的你，可能和 10 年前的我一样，普通无奇；但只要你从今天开始践行自律，把自律变成每天生活的一部分，并且在一个方向上努力前行。那么我也期待10年后的你，再来与我共同回首过去，一起畅谈一路走来的奇遇。

祝福你，祝你自律上瘾，有策略地成为更好的自己！我们下一本书，再见！

参考资料

《了不起的我：自我发展的心理学》陈海贤 著

《领导力必修课：动员团队解决难题》刘澜 著

《沉思录》（*MEDITATIONS*）[古罗马]马可·奥勒留（Marcus Aurelius）著

《高效能人士的七个习惯》（*The 7 Habits of Highly Effective People*）[美]史蒂芬·柯维（Stephen Covey）著

《异类》（*Outliers: The Story of Success*）[加]马尔科姆·格拉德威尔（Malcolm Gladwell）著

《从优秀到卓越》（*Good to Great: Why Some Companies Make the Leap. and Others Don't*）[美]吉姆·柯林斯（Jim Collins）

《金字塔原理：思考、表达和解决问题的逻辑》（*The Minto Pyramid Principle: Logic In Writing, Thinking & Problem Solving*）[美]芭芭拉·明托（Barbara Minto）著

《算法之美：指导工作与生活的算法》（*Algorithms to Live By: The Computer Science of Human Decisions*）[美]布莱恩·克里斯汀（Brian Christian）汤姆·格里菲思（Tom Griffiths）著

《上手》许岑 著

《思考，快与慢》（*Thinking, Fast and Slow*）[美]丹尼尔·卡尼曼（Daniel Kahneman）著

《清单革命》（*The Checklist Manifesto: How to Get Things Right*）
［美］阿图·葛文德（Atul Gawande）

《见识》吴军 著

《番茄工作法图解》（*Pomodoro Technique Illustrated: The Easy Way to Do More in Less Time*）［瑞典］史蒂夫·诺特伯格（Staffan Nöteberg）

《人类简史：从动物到上帝》（*Sapiens: Brief History of Humankind*）［以色列］尤瓦尔·赫拉利（Yuval Noah Harari）

《行为上瘾》何圣君 著

《本能：为什么我们管不住自己？》（*Mean Genes: From Sex to Money to Food: Taming Our Primal Instincts*）［美］特里·伯纳姆（Terry Burnham）杰伊·费伦（Jay Phelan）著

《富爸爸穷爸爸》（*Rich Dad, Poor Dad*）［美］罗伯特·T. 清崎（Robert T. Kiyosaki）

《穷查理宝典：查理·芒格智慧箴言录》（*Poor Charlie's Almanack: The Wit and Wisdom of Charles T. Munger*）［美］彼得·考夫曼（Peter Kaufman）编

《心流：最优体验心理学》（*Flow: The Psychology of Optimal Experience*）［美］米哈里·契克森米哈赖（Mihaly Csikszentmihalyi）

《熵减法则》何圣君 著